まえがき

　福岡市の人口は、1955年に50万人を超え、1975年には100万人に達し、2015年には154万人へと著しい増加を見せました。また、福岡市と周辺地域を合わせた人口は約250万人を擁し、わが国経済全体が今一つ輝きを失っている中、唯一元気のある地域です。これはよく経済活動が活発な中国を始めとする他のアジア諸国に近いからであると説明されています。

　そこには、過去2,000年にも及ぶアジア諸国との政治、経済、文化各方面をめぐる交流があり、それにも触発された異文化を受け入れる態度、新しい物に対する好奇心、限りない探究心があります。そして、福岡に多様な人々が集い新しいまちをつくってきました。わが国の「アジアゲートウェイ」としての福岡と表現されるのは、こういう事象を幅広く表現したものでありましょう。

　私達は、この「アジアゲートウェイ」としての福岡が更に発展するためには、具体的にどういう施策が必要なのかを、空港、港、鉄道、ターミナル、中心市街地等、個別具体的な事項について、順次検討し、それを踏まえて、全体としていかなる方向に進むべきか、その要素は何か等につき、関係者に議論していただきました。

　これまでも「今後の福岡空港」、「博多駅のあり方」など、個別のテーマについての研究や討論の場は多数ありましたが、今回は主要なプロジェクトを連続して採り上げ、更にそれを踏まえて、専門家によるわが国の現下の最大の課題である「地方創生」の視点からの討論会を行なったものであります。このような企画は余り例のないものであり、今後も福岡のポテンシャルを更に高める素材を提供するものと思います。

　本書は、2015年3月から9月にかけて7回にわたって開催した西日本シティ銀行・九州経済調査協会共催セミナー「アジアゲートウェイとしてのFUKUOKA」と総括シンポジウム、及び2016年2月に実施した特別座

談会をまとめたものです。

　本書を出版するにあたり、ご登壇いただいた講師の皆さまをはじめご協力をいただいた多くの方々に深く感謝申し上げますとともに、この小冊子が福岡の更なる発展の為にいささかでも貢献すれば幸甚に存じます。

　　2016年11月

株式会社西日本シティ銀行 取締役会長　久保田 勇夫

公益財団法人 九州経済調査協会 理事長　髙木　直人

アジアゲートウェイとしての
FUKUOKA
目　次

3	まえがき 株式会社西日本シティ銀行 取締役会長 久保田勇夫
	公益財団法人 九州経済調査協会 理事長 髙木 直人

11	福岡空港の歩み 福岡の発展に寄与してきた福岡空港
	福岡空港ビルディング㈱代表取締役副社長 馬場耕一

33	グローバル時代に対応する福岡空港
	福岡空港空港長 垣阪紀之

51	アジアとの交流を支えてきた博多港
	博多港ふ頭㈱専務取締役 大東光一

79	日本の対アジア拠点港を目指す博多港
	福岡市港湾局理事 石原洋

101	九州・アジアの玄関口としての博多駅とその周辺のまちづくり
	九州旅客鉄道㈱博多駅駅長 山根久資
	九州旅客鉄道㈱事業開発本部 博多まちづくり推進室室長 原槇義之

125	アジアのビジネス拠点を目指す天神のまちづくり
	西日本鉄道㈱取締役専務執行役員 天神明治通り街づくり協議会会長 高崎繁行

149	アジアゲートウェイとしてのFUKUOKA
	【基調講演】 九州大学工学部建築学科教授 坂井猛
	【パネルディスカッション】 国土交通省九州地方整備局局長 鈴木弘之
	福岡地域戦略推進協議会会長 麻生泰
	西日本シティ銀行取締役会長 久保田勇夫
	九州大学工学部建築学科教授 坂井猛

183 | 【特別座談会】アジアゲートウェイ機能を高めるために

西日本シティ銀行取締役会長　久保田勇夫
九州経済調査協会理事長　髙木直人
国土政策研究会理事　藤本顕憲
㈱プロジェクト福岡代表取締役社長　神崎公一郎
九州大学工学部建築学科教授　坂井猛

205 | 編集後記

＊役職は講演当時のものです

西日本シティ銀行・九州経済調査協会 共催事業連続セミナー
[2015年3～9月]

アジアゲートウェイとしての FUKUOKA
地方創生の実現と地域インフラ

	開催日	テーマ	講師	講師役職
第1回	3月17日	福岡空港の歩み 福岡の発展に寄与してきた福岡空港	馬場耕一氏	福岡空港ビルディング㈱代表取締役副社長
第2回	4月23日	グローバル時代に対応する福岡空港	垣阪紀之氏	国土交通省大阪航空局福岡空港事務所 空港長
第3回	5月20日	アジアとの交流を支えてきた博多港	大東光一氏	博多港ふ頭㈱専務取締役
第4回	6月24日	日本の対アジア拠点港を目指す博多港	石原 洋氏	福岡市港湾局理事
第5回	7月8日	九州・アジアの玄関口としての博多駅とその周辺のまちづくり	山根久資氏	九州旅客鉄道㈱博多駅駅長
			原槇義之氏	九州旅客鉄道㈱事業開発本部博多まちづくり推進室室長
第6回	8月19日	アジアのビジネス拠点を目指す天神のまちづくり	高崎繁行氏	西日本鉄道㈱取締役専務執行役員 天神明治通り街づくり協議会会長
第7回	9月8日	アジアゲートウェイとしての FUKUOKA 【基調講演】	坂井 猛氏	九州大学工学部建築学科教授
		【パネルディスカッション】	鈴木弘之氏	国土交通省九州地方整備局局長
			麻生 泰氏	福岡地域戦略推進協議会会長
			久保田勇夫氏	西日本シティ銀行取締役会長
			坂井 猛氏	九州大学工学部建築学科教授

時間：各回とも18：30～20：00
会場：BIZCOLI 交流ラウンジ

【特別座談会】

[開催日:2016年2月]

テーマ	講師	講師役職
アジアゲートウェイ機能を高めるために	久保田　勇夫	西日本シティ銀行取締役会長
	髙木　　直人	公益財団法人九州経済調査協会理事長
	藤本　顕憲氏	一般社団法人国土政策研究会理事
	神崎公一郎氏	㈱プロジェクト福岡代表取締役社長
	坂井　猛　氏	九州大学工学部建築学科教授

＊各講師の役職は開催当時のものです。

福岡空港の歩み
福岡の発展に寄与してきた福岡空港

福岡空港ビルディング株式会社代表取締役副社長
馬場耕一

福岡空港の歩み

■はじめに

現在、福岡空港において使用されている滑走路は、約70年前（1945年：昭和20年）に完成したものです。本稿は、一本の滑走路ではありますが、戦後70年を経て年間2,000万人の規模の航空旅客の利用を支えてきたこの「滑走路」に着目して、「福岡空港の歩み（1945年から2015年3月17日までの間）」をたどることとします。なお、本稿は「航空旅客の動向」に焦点を当てて展開しております。

　注：現在の福岡空港が開設（空港整備法［現在 空港法］に基づき運輸大臣［現在　　　国土交通大臣］が設置・管理する第二種空港になった。）されたのは、1972　　　（昭和47）年でした。

■利用旅客数2,000万人（年間）規模の大空港へ

福岡空港は、70年の間に年間利用旅客数をゼロから2,000万人にしてきた社会基盤（インフラ）であり、福岡の発展を支えてきた貴重なインフラです。

本日は、福岡空港の70年の歩みを紹介させていただきますが、説明はまず「福岡空港の現況（2015年）」から入り、その後、70年前に遡ります。

■福岡空港の現況（2015年）

福岡空港は、全長2,800メートルの滑走路を東側の国内線旅客ターミナルビルと西側の国際線旅客ターミナルビルが挟む形で構成されています。現在（2015年3月1日現在）の就航路線は、国内線26路線366便（発着）／日、国際線19路線488便（発着）／週で9カ国・地域19都市です。

　注：2015年12月01日現在では、次のとおりです。
　　　就航路線　国内線　26路線　358便（発着）／日
　　　　　　　　国際線　22路線　612便（発着）／週（9カ国・地域22都市）

福岡空港全体図

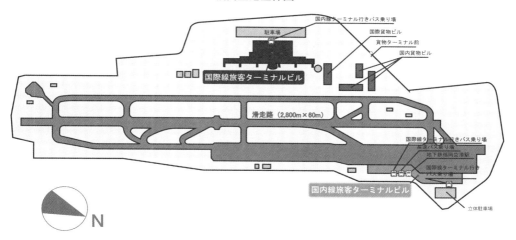

国内線旅客ターミナルビル配置図

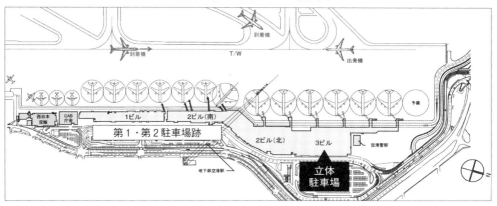

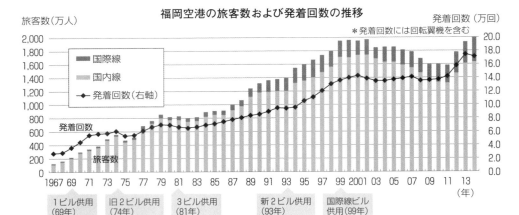

　2014年度の発着回数は年間17,1万回で、滑走路1本当たりの発着回数は国内第1位です。利用旅客数は2012年以降、国際線・国内線共に上昇に転じ、2014年度は過去最高の2,000万人（国内線：1,633万人、国際線：367万人）に達しました。このレベルは、羽田、成田に次いで国内第3位になります。

　利用旅客の増加の背景には次の要因が考えられます。

　まず、LCC（格安航空会社）の出現です。LCCが安い運賃による輸送サービスを始めたことにより、潜在的な航空需要を掘り起こし、その需要の拡大が相次ぐ新規路線の就航や増便を生んだためだと考えられます。国内線ではLCC利用比率（2015年12月）は10.7%でしたが、国際線は32.4%を占める

- 旅客数は、2004年度をピークにしばらく減少傾向が続いていたが、LCCの参入、羽田の発着枠拡大に伴う増便、訪日外国人の大幅増などを受け、ここ数年は増加に転じている。
- 2014年度は、開港以来初めて2,000万人を上回った。

出典：空港管理状況調書

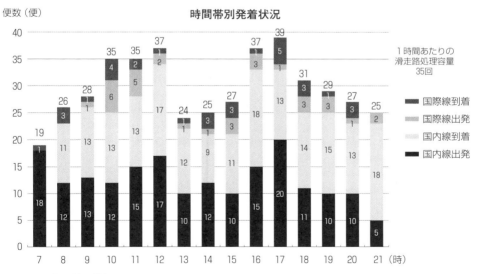

- 2014年5月の状況
- 福岡空港ビルディング㈱調べ

福岡空港の歩み

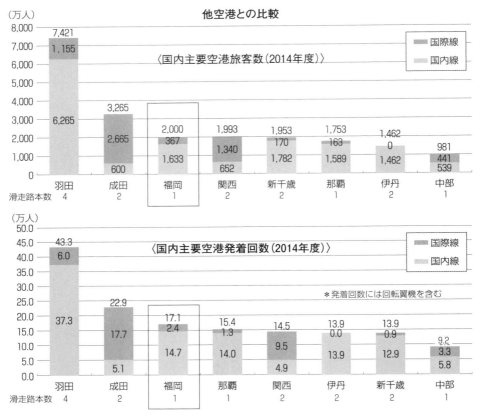

・国土交通省資料より

ようになり、わが国では比較的 LCC の利用が多い空港です。

　2つ目は、ビザの解禁や円安効果です。ビザの解禁により訪日旅行のハードルが下がったことや円安で訪日旅行に割安感が生まれたことが、訪日旅行の拡大につながったと考えられます。特に、アジアからのお客さまの伸びが顕著です。

　3つ目は、アジア経済の発展に伴いアジアの国の個人の所得が向上したことだと考えられます。

　2012年5月、国から福岡空港東側地区再整備について「航空機の遅延・

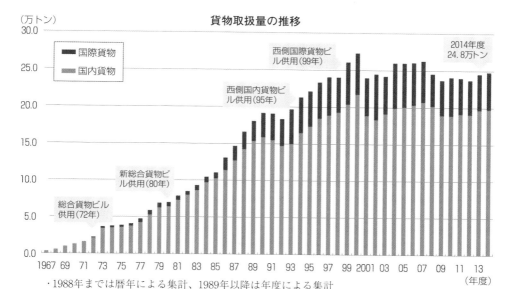

待機解消を目的とした東側平行誘導路の二重化整備及びこれに伴い国内線旅客ターミナルビルを始めとした諸施設の移転整備を段階的に実施するとともに、あわせて施設の狭隘化・老朽化の解消を図る。」との方針が示されました。

現在、この方針を受けて、国により実施されている「東側平行誘導路の二重化工事」と相まって、福岡空港ビルディング㈱におきましても「国内線旅客ターミナルビルの全面リニューアル工事」を進めているところであります。

■ 誰もが安心して利用できる安全で快適な国内線旅客ターミナルビルを目指して
（東側再整備：国内線旅客ターミナルビルの全面リニューアル工事）

現在進めております「国内線旅客ターミナルビルの全面リニューアル工事（東側再整備）」は、2015年6月に着工し、2019年3月の完成を目指しております。そのポイントは次のとおりです。

①ビル機能の統合（現在の3つのビルを一体化する。利便性向上）

福岡空港の歩み

就航路線

国内線：26路線358便（発着）／日
国際線：19路線612便（発着）／週
　　　　9カ国・地域　22都市
（2015年12月1日現在）

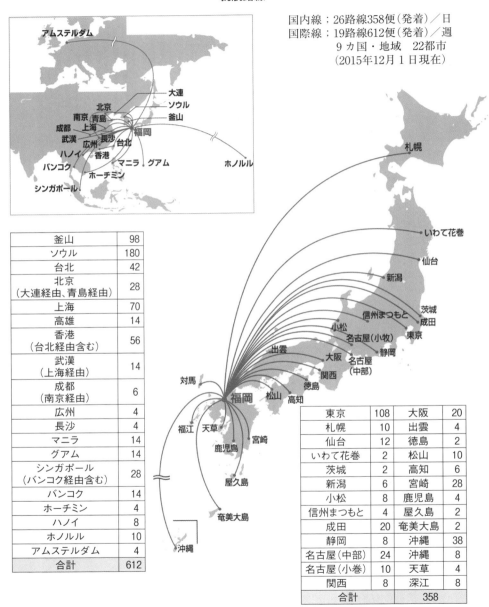

釜山	98
ソウル	180
台北	42
北京 （大連経由、青島経由）	28
上海	70
高雄	14
香港 （台北経由含む）	56
武漢 （上海経由）	14
成都 （南京経由）	6
広州	4
長沙	4
マニラ	14
グアム	14
シンガポール （バンコク経由含む）	28
バンコク	14
ホーチミン	4
ハノイ	8
ホノルル	10
アムステルダム	4
合計	612

東京	108	大阪	20
札幌	10	出雲	4
仙台	12	徳島	2
いわて花巻	2	松山	10
茨城	2	高知	6
新潟	6	宮崎	28
小松	8	鹿児島	4
信州まつもと	4	屋久島	2
成田	20	奄美大島	2
静岡	8	沖縄	38
名古屋（中部）	24	沖縄	8
名古屋（小巻）	10	天草	4
関西	8	深江	8
合計		358	

LCC の就航状況

	航空会社	就航路線	往復便数	就航年月日	使用機材
国内線	ピーチ	関西	2往復／日	2012年3月1日	エアバス320（180席）
		那覇	2往復／日	2014年7月19日	
		成田	2往復／日	2015年3月29日	
	ジェットスター	成田	3往復／日	2012年7月3日	エアバス320（180席）
		関西	1往復／日	2012年8月24日	
		中部	2往復／日	2013年3月31日	
国際線	エアプサン	釜山	21往復／週	2010年3月29日	エアバス321（195席）
	ティーウェイ航空	ソウル	7往復／週	2011年12月20日	ボーイング737（189席）
	済州航空	ソウル	14往復／週	2012年3月30日	ボーイング737（189席）
		釜山	7往復／週	2015年4月3日	
	香港エクスプレス	香港	14往復／週	2014年4月10日	エアバス320（180席）
	ジェットスターアジア航空	シンガポール	7往復／週	2014年6月27日	エアバス320（180席）
	ジンエアー	ソウル	21往復／週	2014年12月1日	ボーイング737（189席）
	セブパシフィック航空	マニラ	3往復／週	2015年12月17日	エアバス320（180席）

2015年12月31日現在、福岡空港ビルディング（株）調べ

福岡空港におけるLCCのシェア（2014年4月～2015年12月）

（単位：%）

	2014年度											
	4月	5月	6月	7月	8月	9月	10月	11月	12月	1月	2月	3月
国内線	7.8	7.2	7.3	8.2	9.2	8.7	8.1	8.1	8.6	9.1	9.9	10.3
国際線	13.3	14.2	15.9	17.8	16.0	17.3	18.4	20.1	24.0	27.0	23.9	21.3
全体	8.9	8.4	8.9	9.9	10.4	10.2	9.9	10.2	11.5	12.7	12.8	12.6

	2015年度								
	4月	5月	6月	7月	8月	9月	10月	11月	12月
国内線	11.4	11.1	11.6	10.8	11.1	11.0	10.6	10.3	10.7
国際線	23.8	23.5	23.3	26.1	24.9	26.1	28.2	29.5	32.4
全体	14.1	13.6	13.9	13.9	14.0	13.9	14.3	14.5	15.8

福岡空港ビルディング（株）調べ

②旅客動線の改善（例：地下鉄空港駅降車後、新ターミナル２階出発口に直通エスカレーターで移動できるようにする。）とラウンジスペースの拡張（利便性向上）
③出発・到着の完全分離（２階：出発、３階：到着。セキュリティ強化）
④店舗の拡大・多様化（店舗配置の全面的な改善・店舗面積の３割増床）
⑤展望デッキなどの送迎施設・集客施設を充実
⑥ユニバーサルデザインの考え方に基づいた動線や施設配置
⑦保安検査機器の増設（利便性向上）
⑧マルチスポット（大型機１機利用できるスポット［駐機場］において、大型機の利用がない時間帯に、小型機２機の航空機が駐機できるスポット。空港利用効率の向上）の整備等

ここから70年前に遡らせていただきます。

板付飛行場から福岡空港へ
民間航空再開の歩み

　福岡空港の現在の位置に滑走路が完成したのは、70年前の1945（昭和20）年５月です。当時は席田(むしろだ)飛行場として旧日本陸軍によって建設されましたが、ほとんど利用されないまま終戦を迎えました。同年11月進駐軍に接収され、名称が「板付飛行場」と改名されました。
　また、同年11月に連合国軍最高司令官総司令部（GHQ）から全面飛行禁止命令が出され、日本の航空機は日本の空を飛行できなくなりました。
　一方で、パンアメリカン航空をはじめとする海外の有力航空会社７社により、1950年には羽田空港と主要都市を結ぶ航空路線が開設され、出入国旅客数は月平均2,000人にのぼりました。このような状況の中、日本でも民間航空再開の機運が高まります。1951年１月には日本航空株式会社の設立準備事務所が立ち上がり、同年５月に「国内航空運送事業の免許」を得て、10月「札幌－東京－大阪－福岡間」の路線が認められました。

注：当時は、事業が認められたとはいえ、営業だけで日本の航空会社は旅客機の運航はできないという状況でした。

1番機マーチン202「もく星号」(36席のプロペラ機：最高時速450キロ)がノースウエスト航空への運航委託の形でありましたが、東京から大阪を経由して板付飛行場に着陸しました（その時の乗客は東京から15人、大阪から6人）。この時、板付飛行場は、日本における民間航空基地として輝かしい第一歩を印したと言ってもいいのではないかと思います。

1950年代：米軍管理下で民間航空再開

1952（昭和27）年4月、日本が講和条約によって独立国としての主権を回復すると、同年7月「航空法」（国際民間航空条約に準拠）の公布・施行により、名実ともに民間航空が再開されました。

同年4月、東京発福岡行「もく星号」が羽田を飛び立った後、伊豆大島・三原山に衝突、乗客、乗員の全員が死亡する事故が起きました。これを契機に「運航と営業の一元化を図るべきではないか」との声があがり、その方向に舵が切られました。航空法も施行され、後継機であるDC-4（86席のプロペラ機）が続々到着、1952年10月のノースウエスト航空との運航委託契約の契約満了を待って、待望の自主運航が開始されました。

これらの民間航空の再会の機運を受け、福岡市や福岡商工会議所により、市政の発展のために民間航空を開設する運動が展開されました。

米軍の基地ということで一時期、絶望視されていたのですが、同年10月、板付飛行場が「民間航空基地」に決定されました。「国際空港」として使用することが認められたのです。それ以降、板付飛行場は、「福岡空港」と通称されるようになりました（ただ、実態は依然、米軍との共同使用という変則的な空港で、米軍の管理下におかれ、日米合同委員会の合意で運営されることに変わりはありませんでした）。

講和条約が発効し、独立国として主権を回復すると、国内の航空界でも国際航空路線の拡充への動きが活発化してきます。

当時、国際空港は羽田空港のみでしたが、人口45万人の福岡市民の悲願でもあった「基地の撤退と国際空港の指定」について、福岡市議会、福岡市、福岡県等の関係者により様々な運動が展開され、1956年9月、待望の福岡－沖縄線の運航が開始できる運びとなりました。
　沖縄に行くには、まだパスポートが必要だった時代です。日本航空の沖縄線の板付寄港が決まりますと、1956年4月、今の第1ターミナルビルの位置に官民合同で木造2階建ての「国際線旅客ターミナルビル」が建設・着手されました。この木造ビルは9月に完成。ビル内には税関、入国管理局、検疫、植物検疫、動物検疫、空港警備派出所等が設置され、国際空港としての構えを見せていました。そして、同月、沖縄線1番機として「高千穂号」というDC-4（プロペラ機）が福岡空港（板付）を飛び立ち、羽田空港に次いで国内2番目の「国際空港」としてデビューを果たしました。
　1956年、経済白書は「もはや戦後ではない」と謳い、戦後10年にして戦前の経済水準に戻り、日本は高度経済成長期を迎えました。

1960年代：国際空港として空港整備事業を開始

　1961（昭和36）年10月、日本航空が東京－福岡間に導入した「コンベア88」（110席、最高時速990キロ／時）という中型ジェット機の就航で福岡空港（板付）もジェット機時代を迎えました。
　また、当時、宮崎、鹿児島、大分などローカル線もかなり整備され、乗降客数が飛躍的に増加しました。これを受けて、同年12月に福岡国際空港整備促進協議会が結成され、「米軍基地の早期移転と国際空港の実現」を強く働きかける動きが出てきました。
　1963年12月、在日米軍再編に伴う板付基地縮小が決定（発表）され、福岡空港（板付）は大量輸送の時代の幕開けを迎えました。
　日本の空全体が本格的な大量輸送時代を迎えようとしており、福岡におきましても、1964年5月には全日空により、翌年には日本航空により「ボーイング727（169～178席）」のジェット機が就航しました。

更に、1965年9月大韓航空による福岡－釜山間の就航、1966年9月キャセイ航空による福岡－台北－香港間の就航などにより、本格的な国際空港として世界の仲間入りを果たしました。

　その後、福岡空港（板付）の発展が目覚ましいということで、福岡国際空港整備促進協議会が発展的に解消され、1966年、新たに設立された「福岡空港整備促進協議会」により「空港整備の基本方針」などについて国への働きかけが行われました。その結果、「ターミナルビルの建設と新会社の設立」が認められ、空港整備の足がかりを築くことになりました。

　1967年4月、福岡空港ビルディング㈱が設立されました。

　同年1月、新ターミナルビルの建設用地として米軍から一定の用地が返還され、10月に新第1ターミナルビルの工事に着手。1969年4月には、わが国初となるボーディング・ブリッジ（搭乗橋）を備えた新第1ターミナルビル（これが現在の第1ターミナルビルです）が完成しました。

1970年代：福岡空港の開設

　1970年代に入ると世界の民間航空は、「B-747（ジャンボジェット機）、L-1011、DC10」などの300席を超える大型ジェット機の出現により大量高速輸送時代に入りました。

　1970（昭和45）年3月に福岡空港（板付）では、我が国初のハイジャック事件（日本航空351便：よど号）が発生しました。この事件を契機に保安警備体制強化が図られ、同年8月には「金属探知機」が、1972年には所持品検査強化のためのX線検査機器が設置されました。

　本格的な警備体制の必要性が認識され、新たな警備体制の整備が行われたという意味でも、大きな出来事でした。

　70年代はオイルショックなどもありましたが、航空機のジェット化、大型化、及び運航回数の増加に伴い生ずる騒音が大きな問題になりました。

　1973年に「航空機騒音に係る環境基準」が定められ、これ以降、環境基準の維持・達成を目標として空港周辺の環境対策が推進されました。

1976年の「第3次空港整備5カ年計画」においても、環境対策への十分な配慮ということが盛り込まれ、それまで整備一辺倒の方針が少し修正される時代に入りました。
　1978年に成田空港が開港し、首都圏の空港処理能力は相当改善されました。
　福岡に目を移しますと、1972年4月には、米国から板付飛行場が全面返還され、空港整備法（現在は空港法）に基づく「運輸大臣（現在は国土交通大臣）が設置・管理する第二種空港」となりました。それまで通称で呼ばれていた「福岡空港」が正式名称になりました。この時、「公共用飛行場周辺における航空機騒音による障害の防止等に関する法律」の特定飛行場にも指定され、以降、様々な環境対策が講じられることになりました。

国際色を強める福岡空港

　福岡空港の発足後、乗降客数は1972（昭和47）年に389万人を突破し、翌年には、498万人に急増、特に、国際線の旅客数が24万人と前年の6割増になり、一気に国際色を強めていきました。
　航空旅客数の増加は、ジャンボ機の出現により予想をはるかに上回る勢いで伸びていきました。福岡空港においてもそのような大型機を受入れるためのエプロン（駐機場）が国により建設されましたが、当時、福岡空港ビルディングのターミナル側に対応できる施設がありませんでした。
　これに対応できるようにするため、1973年7月、新しい第2ターミナルビルの建設に着手しました。それが「第2ターミナルビル（南）」です。
　1973年10月にオイルショックが起きたため、オープン予定の1974年4月1日に間に合わず、25日遅れてオープン。なんとかやりくりをして1番機にはかろうじて間に合わせました。この新ターミナルビルはボーディング・ブリッジなど、大型機に十分対応できる近代的な設備を備え、かつ、ハイジャック対策も充実したものとなっておりました。
　日本経済の国際化の進展とともに、航空業界も飛躍の一途をたどりました。

1978年、日本の国際線・国内線の旅客数は1億人を突破しており、なかでも国際線の旅客数が日本人旅客を中心に増加し、1,200万人に達する勢いをみせた時代でした（背景には、円高もありました）。

　福岡空港におきましても大型機が続々と登場し、加速度的に大量輸送時代が進展していきました。この時に定期路線の新設が相次ぎました。

　1975年は、山陽新幹線の博多乗入れの影響を受け、減便を余儀なくされました。

> 注：戦後の民間航空再開以来、初めて前年実績を下回る（乗降客が476万人に落ち込む）ことになりました。

　この新幹線博多乗入れの影響は、一時的なものでした。翌年には再び上昇に転じ、それ以降も輸送量は目覚ましい伸びが続き、1976年には500万人を突破、3年後の1979年には860万人に達しました。

　この背景にあるのは、九州における産業構造の変化でした。

　1970年代、九州にはIC関連の企業が相次いで立地し、全国IC製品の40％を生産する、いわゆる「シリコンアイランド九州」が出現しました。

　これに伴い、ICを始めとする機械・機器が福岡空港から世界各国へ送り出されるなど人と物の交流が一段と加速されていきました。

　1975年当時、福岡空港の乗降客数は東京、大阪に次いで3位でした。国際線は1976年に中華航空の台北－福岡線の開設に続き、日本航空も福岡－ソウル線を設ける等、発着便数が大幅に増えていきました。

　更に、1978年には、不特定の旅客を集めて航空機を貸し切る「包括旅行チャーター（ITC：Inclusive Tour Charter）制度」が認められ、空の旅に新たなシステムが導入されることになりました。

　1978年にこの制度を利用して、日本航空の1番機が「福岡からフィリピン・マニラに」、全日空の1番機が「福岡から香港に」向けて就航しました。

　これらのチャーター便は、格安運賃で評判を取り、海外旅行をより身近なものとしました。このような情勢の中、福岡空港の国際色は一段と濃くなっていきました。

　国際線利用者急増は、国際線専用の旅客ターミナルの必要性を痛感させる

ほどになりました。そこで、新しい国際線旅客ターミナルビル（現在の第3ターミナルビル）を整備することになり、1980年3月に建設着手。1981年4月に完成しました。これにより「西日本・九州の空にふさわしい玄関」が整備されました。

国際化に向けて諸施設が拡充されていったのが、70年代の福岡空港の特長でした。

1980年代：空港整備の時代

1980（昭和55）年3月の航空運賃の値上げ、同年8月の日本航空123便が御巣鷹山に墜落するという史上最悪の事故、1982年の日航機羽田沖墜落事故の影響で、1980年代初頭、国内の航空需要は伸び悩んでいました。しかし、1984年には増大に転じ、国際旅客需要も着実に拡大、1974年に比べ2.4倍になりました。

1986年に「国内線のダブル・トリプルトラック化」という競争政策が採られたことで輸送需要は増大しました。

注：ダブル・トリプルトラック化とは、同じ路線を2つ（3つ）の会社が運航してもよいというものです。それまでは、日本の航空会社を育てるため1路線1社しか運航できませんでした。業界では「航空憲法」と言われていましたが、その「航空憲法」による規制を緩和し、競争を促進する施策に転じたため、航空機利用者はさらに増加しました。

また、1988年に羽田空港の新A滑走路の供用が開始されたことに伴い羽田空港の発着枠が増えたことも、福岡空港の航空需要の増加に貢献しました。

時代の要請に応えてきた空港

福岡空港に目を移すと、国際線旅客ターミナル（現在の第3ターミナル）の完成（1981年）以降、さまざまな国際チャーター便が乗り入れるようになり、賑わいました。ITCによる海外旅行の人気がその大衆化に道を拓き、

国際線旅客ターミナルのコンコースは混み合うようになり、1984年になると、ゴールデンウイークには家族連れでごったがえすようになりました。

まさに、航空機は大衆の乗り物として、人々が気軽に海外に向けて大空を旅する時代になったといえます。

1987（昭和62）年福岡空港の乗降客数は、1,002万人余に達し、国内20都市、海外9都市と結ばれ、国際路線はアジアを中心に更に広がる勢いを見せていました。

「九州とアジアを結ぶ基幹都市」を目指す福岡がその特色を強く打ち出したのが、1989年の「アジア太平洋博覧会（よかトピア）」開催でありました。

「よかトピア」は、アジア太平洋地域37の国・地域と2つの国際関係機関の参加を得て、43のパビリオンが並び、世界中から約823万人が訪れた大規模イベントでした。また、1989年には「第45回国民体育大会（とびうめ国体）」が開催されました。

このように相次ぐ大きなイベントの開催も大きな効果を上げ、空港の乗降客数は年間で1,000万人を超える時代になり、福岡空港の国際色は更に強くなりました。

1989年の年間乗降客数が1,218万人、1990年には1,335万人と伸び、ターミナルが狭く感じられるようになりました。

国際線旅客ターミナルビル（現在の第3ターミナルビル）は、1981年4月に供用を開始し、その当時、国際線乗降客数は年間約62万人でした（100万人を想定して建設されており、当時としては十分余裕のある施設でした）。供用開始5年後の1986年には、70万人台、1988年には100万人を超え、1990年には160万人に達しました。このような乗降客数の増加に対応するため、1990年6月から12月にかけて、「国際線旅客ターミナルビル増築工事」を行いました。

1987年9月運輸省（現在の国土交通省）から「海外旅行倍増計画（テン・ミリオン計画）」が発表されました。これは、1986年の日本人の海外旅行者数（552万人）を5年間で倍増（1,000人）しようとするものでした。円高傾向を追い風にして海外旅行客は毎年増加し、1990年には計画の想定よりも

早く1,000万人を超えました。

　福岡空港におきましても、航空機が大型化する中で航空需要も予測を超えて増加しました。この頃から、「将来の航空需要に対応するためには、今まで活用されなかった西側地域を含めた抜本的な整備計画が必要である」と認識されるようになりました。

1990年代：西側展開の時代

　1990年代は、福岡空港の西側展開について正面から向き合った時代でした。
　運輸省において「第6次空港整備5カ年計画（1991年～1995年）」が策定され、その中で「福岡空港の東西2つの地域にそれぞれ機能を分担させる」案が示されました。
　それは、①東側ターミナル地域：国内線ターミナル地区、管理地区その他。
　　　　　②西側ターミナル地域：国際線ターミナル地区、国内・国際貨物ビル地区。
　この方針の下、「福岡空港整備計画」の基本的な考え方が示されました。

　　1990年代は、バブル崩壊以降、国内航空輸送需要は低迷を続けていましたが、1994（平成6）年9月の関西国際空港の開港などにより増加に転じました。また、国際航空輸送量は、急激な円高に伴い海外旅行に割安感が出てきたことにより、また、関西国際空港の開港に伴い大阪方面の輸送量が増加したことにより大幅に増加しました。
　国内線におきましては、更なる利用者利便の向上を図るため、1992年及び1996年にダブルトラック化の基準が国により引き下げられ、航空会社間の競争が促進されました。その後、1997年には、基準そのものが廃止され、競争はますます激化しました。
　1995年には国内航空運賃に幅運賃制度が導入され、さらに、需要喚起のため各航空会社が設定する営業政策的な割引運賃につきましては届出制にな

りました。これを受けて、事前購入割引や特定便割引等多様な割引運賃が登場し、多様化するニーズに対応した様々な運賃設定が可能となりました。

　1997年、羽田空港の新Ｃ滑走路の供用が開始され、発着枠がさらに拡大されたことに伴い、利用者利便の向上につながる競争の一層の促進という観点から、新規会社用の枠が新たに設定されました。この枠を利用して、1998年9月スカイマークエアラインズが「東京－大阪」に就航し、同年12月に北海道国際航空（エアドゥ）が「東京－札幌」に就航しました。

　また、1990年代は、高度成長時代から安定成長時代への転換のなかで、テーマパークが注目されるようになりました。九州では、1990年にはスペースワールドが、1992年にはハウステンボスが、1993年には有田ボーセリングパークが、1993年には福岡ドームが誕生しました。

　更に、1995年「マリンメッセ福岡」が完成し、「ユニバーシアード福岡大会」（世界162の国・地域から5740人の選手・役員参加）や「福岡国際マラソン」、「福岡国際女子柔道選手権」等が開催され、この年は、国際交流の熱気も今までにない高まりをみせました。国際会議の開催件数も1983年では年間6件ぐらいでしたが、10年後の1992年には年間82件（全国7位の件数）に増加しました。

　1991年、国内線旅客ターミナルビルは、ピーク時間帯になると混雑が顕著になり、利用者へのサービスの低下など施設運用面で様々な課題に直面していました。そこに、1993年には福岡市営地下鉄が空港まで延伸することが予定されたことから、第4ターミナルビル（当時の呼び名）、現在の第2ターミナルビル（北）の整備を行うことになりました。1993年9月には、地下鉄開通に伴い「駅舎施設との整合性を持った新しい国内線旅客ターミナルビル（2ビル北）」の供用が開始されました。

　他方、増え続ける国際線の乗降客をさばき切れないということで、1999年5月、西側地区に新たな国際線旅客ターミナルビル（従来のビルの約2.5倍の規模で390万人に対応できるビル）を整備し、供用が開始されました。

2000年代：拡充する空港機能

　2000年以降、年々着陸回数が増加し、時間帯によっては遅延が生じていたため、空港機能の強化を図り、このような状況を解消することが求められていました。この事態を打開すべく、アジアの玄関として空港機能の強化が図られました。

　2003年には大型機が直進で滑走路に進入できる平行誘導路の整備が、また、悪天候時に航空機が南側から着陸ができるILS（Instrument Landing system：計器着陸システム）の整備が行われ、管制能力の向上が図られました

　　注：ILSは、滑走路への降下角度などを無線で常時発信しており、着陸態勢に入った航空機は、たとえ視界が悪くても、この無線をキャッチして、その降下角度などに従えば着陸できるというものです。

　航空機は一般的には風に逆らって飛行するので、南風の時には北（海）側から、北風の時には南（太宰府）側から、滑走路に進入してきます。

　北側から降りてくる飛行機に対するILSは既に備わっていましたが、当時整備されたILSは南側から降りてくる飛行機のためのもので、管制能力を上げる上で、大きな威力を発揮することになりました。

　2002年度の福岡空港の航空旅客の乗降客数が1,968万人に達しましたが、その年をピークにしてその後9年間で388万人減少し、2011年度には航空旅客の乗降客数は1,580万人（内、国際線255万人：国際線の利用客数は過去最高）となりました。

　　備考：乗降客数は減少してきておりましたが、発着回数は横ばい状態（13.5万回〜14.1万回）が続きました。
　　　　この現象は、羽田空港の4本目の新D滑走路の供用開始等に伴い羽田空港の処理容量の増加が可能となったことにより、航空会社が機材を中型・小型化し、フリークエンシーを重視する方針に変更したことが影響したのではないかと思います。

　ところが、2011年度を底として、それ以降乗降客数が増加に転じ、2012

年度は1,778万人（内、国際線304万人）、2013年度は1,929万人（内、国際線319万人）、2014年度は2,000万人（内、国際線367万人）と急激に旅客数が伸びました。特に、国際線旅客数は、2011年度以降、過去最高の数字を更新してきております（発着回数は、2011年度14.1万回、2012年度15.8万回2013年度17.4万回、2014年度17.1万回）。このような航空旅客の動向を踏まえて、冒頭述べたとおり、2012年5月に国から福岡空港東側地区再整備について方針が示され、同年、福岡空港の東側地区再整備事業（国及び福岡空港ビルディング会社㈱による施工）がスタートしました（竣工予定：2019年3月）。

注：福岡空港再整備事業により、第1ターミナルビルが2016年10月4日に閉館、10月5日からすべての国内線発着便が第2・第3ターミナルに集約されました。また、第2・第3ターミナルビルの名称は「国内線旅客ターミナルビル」となり、出発保安検査場と到着口がそれぞれ2カ所（南・北）になりました。

2011年には、国際線旅客数の急増に伴い、航空会社からの増便や新規就航の新たな強い要請に応えるため、2014年2月に国際線バスラウンジを完成させ、供用を開始しました。

2015年4月には「福岡空港の空港経営改革を踏まえた滑走路増設事業の新規着手」を内容とする2015年度の国の予算が国会で成立し、「滑走路増設事業の新規着手」が、福岡空港における空港経営改革（コンセッション等）を踏まえた適切な財源の確保を前提として、認められました。また、「福岡空港回転翼機能移設事業」に係る環境影響評価の手続に入ることも認められました。

2015年という年は、福岡空港の開港（1972年）以来初めて、「本格的な空港機能の拡充強化対策」が動き始めた年であったと言えるのではないかと思います。

むすび

2013年6月観光立国推進閣僚会議におきまして、「観光立国実現に向けた

アクション・プログラム」がまとめられ、「訪日外国人旅行者数をさらに2,000万人の高みを目指す。」ことが決定されておりますが、観光庁からは、「2015年（暦年）の訪日外国人旅行者数は1,970万人（訪日外国人旅行消費額（速報）は3兆4,771億円）に達した。」と発表されています。

今後、福岡におきましても「拡大する訪日外国人旅行」を取りこんでそれを「如何に地域振興・発展に繋げるのか。」が重要であると思います。福岡空港は、そのための大切なインフラであります。

以上のとおりです。これで時代の要請に応え続けてきた「福岡空港（インフラ）の歩み」については、筆を置かせていただきます。

備考：本稿は、2015年3月17日の講演内容を基本としておりますが、一部2015年12月末の時点の修正を行った箇所があります。本稿の作成に当たり多大なるご協力をいただきました国土交通省大阪航空局、福岡空港事務所及び福岡空港ビルディング㈱の皆様に心より御礼申し上げます。

馬場耕一（ばば・こういち）
福岡県出身。九州大学法学部卒業後、1973年運輸省入省。以後、鉄道局総務課鉄道企画室長、航空局管制保安部保安企画室長、同局飛行場部長、国土交通省近畿運輸局長、大臣官房審議官（都市・地域整備局併任）、海事局次長等を経て、2011年福岡空港ビルディング代表取締役専務に就任。2013年6月より代表取締役副社長。

グローバル時代に対応する
福岡空港

福岡空港空港長
垣阪紀之

交通政策や空港管理に関する法律
空港整備の時代から運営の時代へ

■ 5つの「法律と規則」

　空港は、国内外の航空ネットワークを構成する極めて重要な公共インフラであり、これまでも経済社会の発展や地域の活性化に大きな役割を果たしてきました。そして、交通政策は、社会資本整備の重要政策と位置付けられ、空港の維持管理や航空機騒音防止などについての事業推進を求められています。そこで、我が国の航空政策や空港運営に深く関連する法律と規則を洗い出しておきたいと思います。

　まず、国の交通政策を示すものは、2013（平成25）年制定の「交通政策基本法」です。この法律は、我が国の将来にわたって取り組むべき交通政策を示し、全ての交通機能が十分に発揮されることで国民のニーズを適切に満たしていくことなどを基本理念として定めています。また、この基本法の理念を具体的に推進する計画を示すものとして、「交通政策基本計画」があります。ここには、具体目標と数値指標が掲げられており、2014年度を計画初年度とし、2020年までにその目標を達成することとしています。

　空港運営に関しては、2008年改正の「空港法」という法律があります。現在、日本全国には大小合わせて97空港が設置されています。これまでは、空港を建設すること（いわゆる空港整備）に懸命になっていましたが、空港整備法改め空港法と改正し、政策の方向を「空港整備から空港運営へ」と大きく見直しました。今後は、空港利用者ニーズや効率的な空港運用、環境保全などを中心に考えて空港運営を実施していくこととなります。空港運営関連のもう1つは、1952（昭和27）年制定の「空港管理規則」という規則です。この規則は、空港の諸施設管理等実質的な様々な空港運用の要件や空港事務所長の許認可権等を示しており、必要に応じて改正が行われています。

　そして、2013年制定の「民活空港運営法」です。正式名称「民間の能力を活用した国管理空港等の運営等に関する法律」と言われるものです。いわ

ゆる「空港運営の民間委託化」について明記した法律で、民間能力を活用し、①地域の活性化、②利用者利便の向上、③わが国の産業・観光の国際競争力強化、を基本方針として示しています。現在、福岡空港は、国管理空港として運営されていますが、2019年度中を目途に民間委託化していくこととなっています。

　以上、「交通政策基本法」、「交通政策基本計画」、「空港法」、「空港管理規則」、「民活空港運営法」の5つが今後の空港運営のあり方を示す根幹的な法律と規則です。これらのひとつひとつを見ていきたいと思います。

（補足）上記のほか、航空機騒音防止に関する法律として、「公共用飛行場周辺における航空機騒音による障害の防止等に関する法律」があり、福岡空港はこの法律の対象空港となっています。

■ 空港政策基本法

　交通政策基本法は、豊かな国民生活に資する使いやすい交通の実現、成長と繁栄の基盤となる国際・地域間の旅客交通や物流ネットワークの構築、安全・安心な交通基盤づくり、そして、すべての交通関係者が連携・協働して交通政策の実現に取り組むことを目的に据えています。本法の理念を以下の3本柱で整理してみました。

　①陸・海・空、すべての機能を確保して向上させること
　②交通による環境への負荷低減を図ること
　③陸・海・空それぞれの交通の適切な役割分担と効率的な連携により交通政策を推進すること

　1つ目の交通機能の確保・向上については、交通体系全体で、国民の生命と財産を守りながら、産業・観光における国際競争力の強化及び地域経済の活性化を図るとともに、大規模災害時（地震や原発事故などの災害発生時）における移動手段確保などの交通機能を確保することを目的としています。福岡空港も西日本の交通拠点としてその役目を担っています。

　2つ目の環境への負荷低減については、世界的な環境配慮の観点から、航空機騒音の軽減、CO_2排出の抑制に向け、ジェットエンジン開発会社がボー

イング社やエアバス社などの航空機製造メーカーとともに懸命に取り組んでいます。最新鋭機のボーイング787型機に見られるように、従来機と比較して、低騒音・低燃費を実現しており、環境の負荷低減や地球温暖化防止のための航空機開発が進められています。福岡空港においても、地上電源車の活用促進、太陽光発電の活用、ハイブリッドカーや電気自動車の利用促進など、航空機騒音低減への対応、CO_2排出の抑制、省エネ対策に取り組んでいます。

　3つ目の交通機関の役割と連携では、空港も、地域活性化の拠点となるべく、人とモノと情報が集まる交通拠点に必要とされる機能を適切に整備し、利用者利便の一層の向上を図り、他の交通機関と共にその役割を果たしていくことが大切です。加えて、観光立国実現のためにも、国内外の航空路線網を拡大し、人口流動を促しつつ、災害に強い空港づくりを進め、駅や港などと連携した交通体系を確立していくことが重要となります。交通体系全体で、国民の安全・安心を確保し、国際競争力を高め、観光立国の姿を確固たるものにするため、様々な交通施策を総合的かつ計画的に進めることが本法の理念です。

■交通政策基本計画

　交通政策基本法を紹介しましたが、その政策を実現させるための計画があります。それが、「交通政策基本計画」です。本計画では2020年までに達成すべき様々な目標を示しています。そのいくつかを紹介します。

①交通ICカードシステムの全国どこでも使用可能な環境整備、Wi-Fi無料化、多言語表示、駅ナンバリングなどの促進

②国際航空ネットワークの一層の拡充、LCC普及に向けた専用ターミナル整備、空港関係コスト削減、就航率向上、首都圏発着枠の拡大など

③交通を担う人材育成（パイロット養成、若年層、女性、高齢者の活用など）

　本計画に記載された目標を達成し、交通体系を一層利用しやすいものとすべく、2014年度から2020年度までの計画として進めているところです。

■ 空港法

空港法は、今後の我が国の空港運営のあり方を明記したものです。本法の方向性は、多様化する利用者ニーズや求められる産業・観光・地域経済に的確に対応していくことを示しています。先述のように、空港運営の方向は、整備から運営へとシフトしており、今まさに効果的で効率的な運営形態が求められています。この延長線上にあるのが、仙台空港、高松空港、福岡空港などで進められている空港運営の民間委託化です。

これからの空港運営には、航空機の安全運航やテロ対策などの空港保安対策などの安全品質の保持とともに、空港利用者利便において、ITや人工知能などを効果的に導入し、高品質かつ効率的な運営を進めるなど、「空港の安全確保と運営」に一層の価値ある空港づくりが求められることとなります。

■ 空港管理規則

空港では、航空機の離着陸をはじめ、多くの空港利用者、車両、航空貨物の出入りがあります。空港管理規則は、このような多用な環境下にある国管理空港おける、施設管理、構内営業の規制、そして、空港用地の利用制限等に関する規則を示したもので、航空機の安全運航、旅客ターミナルや貨物ターミナルでの保安対策、営業活動の秩序を維持する事項等を示しています。併せて、必要に応じて本規則の見直しを行っており、適切かつ能率的な空港運営を維持するものとなっています。

■ 民活空港運営法

民活空港運営法（正式名称：「民間の能力を活用した国管理空港等の運営等に関する法律」）は今注目の法律です。現在、福岡空港の航空機運航や滑走路の維持管理などの航空系事業は国が行い、空港ビルディング営業や空港駐車場営業などの非航空系事業は民間が行っています。この二元運用状態を民間能力の活用による一体的経営とすることで、空港運営の最適化と効率化を促進することが本法の柱となっています。

民間活力への期待は3つあります。①航空需要の拡大（人口流動の拡大）

による地域活性化、②民間の資金と知恵による利用者利便の向上、③わが国の産業・観光の国際競争力強化です。この3つの期待に応えるため、国から運営を引き継ぐ空港運営権者は、他の空港関係者などと一緒に知恵を出し合い、何を実行していくべきか、何を検討すべきかを明確にしつつ、福岡空港の価値を向上させていく必要があります。

福岡空港の現状と今後
過密化する日本の空への対応

■過密化する日本の空

　日本の上空を飛行する航空機の利用状況はどうなっているのでしょうか。ひと言でいうと"過密な空"となっています。日本の上空（国土交通省航空局が管轄をしている「航空情報区」というエリア内）では、1日あたり約4,000～5,000機の航空機が飛行しています。この瞬間にも450機前後の航空機が日本の上空を飛んでいます。定期便を中心とした航空機は、安全に空港に着陸するなどのため、航空路という空の道を飛行していますが、その航空路は毎日ほぼ数珠つなぎの状況にあるということです。

　ボーイング社やエアバス社によると、2032年ごろには、航空機の数は、現状の2倍、アジアでは現状の3倍になると予測されています。

　その結果、日本の空や空港はどうなるでしょうか。今の空（空域）利用環境のままではさらに過密化が進み、2023年頃には空域利用限界を迎えるといわれています。同時に、空港の過密化も進み、定時運航の確保が極めて困難な状況となり、遅延状態の恒常化が予測されています。福岡空港では、すでにピーク時間帯を中心に駐機場は混雑している状況です。

　見えないところで進んでいる空の過密状況を解消し、空港利用者や航空会社の空港利用の利便性を確保し、安定的な空港運用に対応すべく、国土交通省航空局では「空域利用の効率化」に関するプロジェクトを着々と進めています。

　福岡空港でも、人工衛星利用による空港周辺での効率的な飛行方法の設定、

効率的な滑走路使用、国際線駐機場の拡張、滑走路増設などにより、福岡空港の交通量増加に対応していきます。

■ 福岡空港の現状

現在、福岡空港は航空機や旅客で混雑しています。

航空機については、定期便（不定期便を含む）をはじめ、海上保安庁等の公用機、自衛隊機、米軍機、ビジネスジェット機、事業用ヘリコプター、自家用機を含めて、2015（平成27）年度は、総計17.4万回の離着陸、1日約500回の離着陸が行われています。また、2015年現在、福岡空港を基地とする事業用ヘリコプター機数は23機にも上り、日本で一番多くヘリコプターが在駐する状況です。これらのヘリコプターも含め、ピーク時には、1時間あたり約40機の離着陸を取り扱うことがしばしばあります。つまり、約1分半おきに離着陸が繰り返しされているという状況にあり、定期便が集中する時間帯では混雑・遅延がしばしば発生しています。加えて、国内外の航空需要が非常に高く、各航空会社の「ドル箱」的存在となっています。特に外国LCC（格安航空会社）を中心に就航意欲は旺盛な状況で、今後もこの傾向は続くものと思われます。

旅客については、2015年度は、国内線1,672万人、国際線465万人、合計で2,137万人となっています。また、予測を上回る勢いで訪日外国人が急増しており、国際線ターミナルビルが手狭になりつつあることも認識しておかなくてはなりません。

最も重要な現状認識としては、滑走路処理能力についてです。福岡空港では、1本の滑走路における処理能力がすでに限界にあり、航空会社の強い就航要望に対応しきれない状況にあるということです。

そこで、福岡空港の機能を強化し、利用者利便の向上を図るべく、平行誘導路の設置、国内線ターミナルビル再整備、滑走路増設事業が進められるなど、航空機の混雑緩和や利用者利便性の観点で次のプロジェクトが進んでいます。

福岡空港の『誘導路二重化』及び『滑走路増設事業』(概略図)

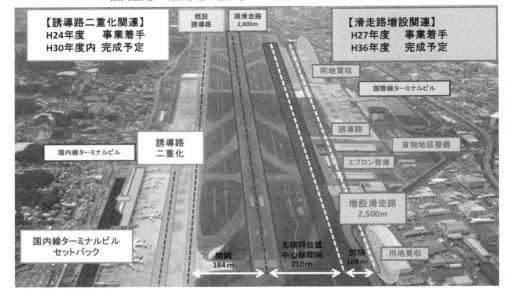

■福岡空港の今後＝３つのプロジェクト

福岡空港の機能強化等のために次の３つのプロジェクトが進んでいます。

①東側エプロン地区の再整備（平行誘導路二重化、国内線ターミナル再整備）
②２本目の滑走路建設（滑走路増設事業）
③事業用ヘリコプター場外移設

「誘導路二重化」では、古くなった国内線旅客ターミナルビルをセットバックし、現在の誘導路と平行に誘導路を作り、航空機の地上混雑や遅延発生状況を緩和します。同時に、国内線ターミナルビルも大きく生まれ変わることとなり、利用者利便が向上することとなります。これらの東側エプロン地区の再整備は、2019年度中には完了する予定です。

「滑走路増設事業」では、現行滑走路の西側210メートルの離隔距離を取り、現滑走路と平行に、長さ2,500メートル×幅60メートルの新滑走路と新滑走

路に付帯する新誘導路を建設する予定です。これにより、今後の交通量増加に対応していくこととしています。この増設事業は、2025年3月末供用予定で進められます。新滑走路完成まで今後約9年間という時間が必要な理由は、昼間は航空機の運航が行われているため、運航の少ない夜間の時間帯を中心に1日約5時間程度の作業時間で複雑な大規模工事を進めることとなるからです。本事業完了予定の2025年、福岡空港の滑走路処理値（ヘリコプターを除く）は、現行の16.4万回から18.8万回になります。

次に、「ヘリコプター場外移設」です。多種多様な航空機が福岡空港を使用していますが、ピーク時には、安定的に運用できる1本の滑走路での離着陸回数の数値35機を超えることがあり、定期便に遅延等が生じています。さらに、公共用及び事業用ヘリコプター等が数多く在駐し、年間約7,000回の離着陸があることから、定期便とヘリコプター双方の運航に影響を及ぼす場面が増えてきました。そのため、今般、事業用運送事業者や地域住民の皆さまのご協力を得るべく、空港の航空機混雑の緩和策の一環として、ヘリコプター場外移設について調整中です。

併せて、現行の貨物ターミナルを国際線ターミナル横に移設し、その跡地に今後の旺盛な国際線需要に対応するため国際線の駐機場を拡張する計画もあり、2020年頃の完成を目指しています。

これらのプロジェクトは、今後の大きな航空需要に対応するため、福岡空港の機能拡大と利用者利便の向上を目的に進められていきます。

■ 福岡空港の5つの業務役割

ここで、現在の福岡空港の主な役割を5つ挙げておきたいと思います。

①旅客、貨物の流動拠点
・国内線定期便を中心とした地域拠点空港
・国際線定期便を中心としたアジアゲートウェイの役割を持つ空港

②安全・安心の拠点
・航空機の安全運航確保、旅客及び貨物ターミナルの安全運営
・テロ・ハイジャック防止対策、防疫・麻薬取締等の水際対策、不法侵入

対策、急患輸送、臓器輸送、航空機事故及び緊急着陸対応など
③地域災害復旧時の重要活動拠点
・大規模災害時（洪水及び地震復旧、原発事故対応など）の活動拠点
④公共公益業務及び一般事業等の活動拠点
・海上保安庁、県警、市消防のヘリコプター及び航空機による救助活動、
　災害支援活動、パトロールなどの公用業務拠点
・その他、多くの事業用ヘリコプターによる各種事業活動拠点
・自家用機の空港利用
⑤自衛隊等の活動
・航空自衛隊機や米軍機による離着陸などの空港利用。

■福岡空港の今後＝空港運営を国から民間へ

　上記の５つの実務活動と併せ、今後、福岡空港の管理・運営は、航空管制等を除き、国（航空局）から民間（空港運営権者）へ委託されていきます。

　国から運営を引き継ぐ空港運営権者は、その運営活動として、①空港機能の強化、②利用者の利便向上、③航空輸送需要の拡大、④国内産業・観光等の国際競争力の強化、⑤地域経済活性化、⑥地域活力の向上、の６つについて取り組むことが強く期待され、加えて、公共交通をつかさどる空港運営者として、「適正かつ効率的な空港運営」や「空港運営品質の維持管理・向上」が求められることとなります。

　皆さまご存知の通り、世界には多くの空港があります。そのなかでも高品質な空港はどこでしょうか。英国のスカイトラックスという航空サービスリサーチ会社が、毎年、空港や航空会社を評価しています。空港の評価項目は、39項目（「空港へのアクセスの利便性」「旅客ターミナルの雰囲気」「旅客ターミナルの清潔さ」「保安検査の待ち時間」「空港職員の態度」「乗り継ぎのしやすさ」「商業施設の多さ」「ラウンジのロケーション」「荷物引き渡しの効率」など）にわたり、空港利用者などから満足度調査などを行ったうえで発表しています。2016年、羽田空港（４位）、中部空港（６位）、関西空港（９位）がトップ10に入りました。成田空港も11位となっています。福岡空

港は98位でした。空港民営化と併せて、福岡空港もトップ10入りできるように積極的な空港整備を進めていくことが求められるものと思っています。

空港に求められること
地方創生のエンジンに

■観光先進国の大きな力となる空港

　空港は、「地域の推進力」「素敵な表玄関」にならなければいけないと思います。また、「日本を訪れてみたい」という外国人の需要は年々高まっています。

　国土交通省観光庁では、訪日観光客数を、2020年までに4,000万人を、2030年には6,000万人の受け入れを達成すべく、観光立国実現に向け、「観光ビジョン実現プログラム2016」を実施しており、訪日外国人旅行者が快適に観光を満喫できる環境や受け入れ態勢の整備・強化を図っています。

　そのためには、入国に係る空港機能を拡充しなくてはいけません。法務省では、2020年までに入国審査手続きに要する時間を現状より20分短縮することを目標としています。一方、2025年には福岡空港の訪日外国人が年間700万人になると予測されており、国際線ターミナルビル施設の拡充も視野に入れておく必要があります。「観光先進国日本」への大きな力となる空港づくりを着実に進め、地域経済・産業・観光などの地域創生の強力なエンジンとなるよう成長させていくことが求められています。

■利便性を活かした地域推進力となる空港

　福岡空港の市内アクセスは世界一といっても過言ではないと思います。福岡市は、すでに「コンパクトシティ」機能を有しており、生活するうえで必要な環境や、劇場、プロ野球場、歌舞伎座、大相撲などの様々な観光娯楽環境がコンパクトにまとまっているなど恵まれた都市環境にあります。また、福岡空港の国内地方路線は充実していますし、LCC（格安航空会社）の乗り入れが増えたことで手軽に県内外の住むおじいちゃんやおばあちゃんに会い

に行くことができるようになるなど、移動に便利な都市型空港となっています。加えて、福岡空港からは、庭園、温泉、お城、街並みなど日本情緒にあふれる多くの観光資源が近距離にあります。

これらの利便の高い様々な環境や資源を最大活用するにはどうしたらよいかを検討し具現化することが地域活性化に直結すると思います。

■ **グローバル化への対応**

グローバル化への対応策は様々な視点で考えることができます。まず、外国人旅行者に注目した観光ルートづくりについてです。現在、2015年4月の観光庁による「広域観光周遊ルート」形成促進事業として、「九州版ゴールデンルート」策定が進行中です。観光産業関係者と連携し、外国人旅行者が日本を体験できる滞在型ルートなど様々な型の周遊ルートを策定し、福岡空港と九州各空港を最大限に活用した観光ルートを作ることが期待されます。

また、このルート策定に当たっては街中で行動する外国人のためのストレスフリーな環境づくりがポイントとなると思っています。魅力ある観光地案内として、空港内無料Wi-Fiの整備などICT（Information and Communication Technology；情報通信技術）の機能強化が必須です。

グローバル時代の空港サービスとしては、空港スタッフによる「おもてなし」の環境づくりも大切になります。訪日外国人の皆さまに日本の良さや特色を理解していただくため、また、観光立国やグローバルMICE重要都市の着実な成長のためにも、語学力と接客力など十分に育成された多言語対応可能な観光コンシェルジュの空港配置などによる上質なおもてなしの環境づくりが必要不可欠なものと考えられます。そのため、観光業界、行政、大学などと連携して、空港スタッフ育成のためのしっかりとした育成組織体制を構築し、空港の人的サービス品質を向上させることが必要と考えます。

空港施設整備面では、入国審査の迅速化、空港内でのユニバーサルデザインの積極的採用、バリアフリーの促進、託児所設置などによって、空港利用者の皆さまはもちろん、高齢者や身体障がい者の皆さま、空港従業員などに配慮した「ヒトに優しい空港」を目指し、積極的にグローバル・スタンダー

福岡空港周辺機能

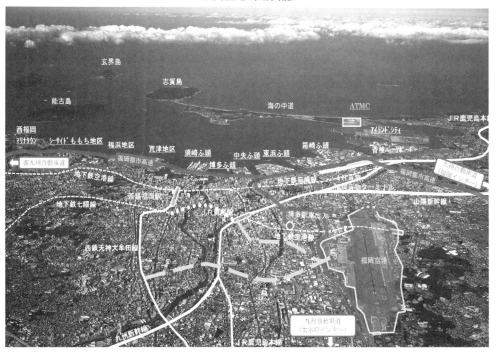

ド化を進めなければなりません。

　さらには、福岡市が有する交通インフラとの連携です。福岡市における交通インフラ整備計画を見てみますと、福岡市営地下鉄七隈線延伸事業や空港国内線ターミナル直近等への福岡都市高速延伸事業計画がありますが、福岡市における今後の交通インフラ整備計画は、空港アクセスへの利便向上にしっかりと連動させていくことが重要と思っています。

　また、国際線旅客数の激増が見込まれることから、行政や空港関係者が連携して、国際線ターミナルビルと市中心部へのアクセス、国内線と国際線の乗り継ぎの利便向上について検討することが重要と考えています。併せて、福岡空港と北九州空港の空港運用上の連携や両空港間のアクセス改善などもグローバル化への対応課題になると思っています。

グローバル化が加速度的に進むなか、これらを実現・検討することなどにより、中国・韓国・東南アジアの成長を着実に取り込み、世界に通用する魅力ある福岡空港にしていくことが大切ではないかと思います。

■アジアの拠点空港

　アジアの人口は、2030年、あと14年足らずで現在の2倍の18億人になる、とある本で読みました。また、前述のとおり、国の観光施策として、2020年までに訪日外国人旅行者数4,000万人を目指す「観光ビジョン実施プログラム」が進行中です。
　このような環境を考えるとき、アジア各国と日本の交流は今後一層加速するのではないかと想像しています。グローバル企業拠点のシンガポール、中国、香港との路線ネットワークを一層拡充するなど、福岡空港の国際航空路線の拡充は必須です。
　福岡空港は、今後もアジアゲートウェイの拠点としての大きな役目を持つことになるでしょう。アジアの拠点空港としてどのような交通施策が必要なのかを見極めていくことが重要ではないかと思います。

■空港まちづくり

　地域共生や地方創生のための空港まちづくりは、空港とのあらゆる交通ネットワーク（他空港、鉄道、バス、タクシー、レンタカー等の連結）を拡充し、都市と都市の物理的距離、あるいは、都市と人、人と人の心理的距離を縮めることにより、大きな人口流動を生み出すことがポイントとなると考えます。
　この距離を徹底的に縮めるために、空港周辺にどのようなまちづくりが必要となるのでしょうか。ICT環境の整備はもちろんのこと、例えば、MICE対応としての国際会議場機能を有する最高級ホテル、大規模商業文化施設、高度医療機関、九州各地のアンテナショップ集約施設、遊園地、地域コミュニティー会場などの整備や国際線ターミナルビル商業施設の拡充により、「地域共生型の臨空エリア」を形成することが考えられます。

「臨空エリア」の開発整備により、空港周辺住民の皆さまと共存共栄を図りながら、魅力ある空港まちづくりを進めていくことが福岡空港の将来像と考えています。

■新幹線と共存

新幹線と航空を考えるうえで、リニア開通と航空ネットワークの関係、新幹線と空港の連携、の二つの視点で考えてみたいと思います。

JR東海のリニア中央新幹線は、2027年には名古屋まで、2045年（2037年の前倒しも含む）には大阪まで運行される予定です。東京（品川）と新大阪をわずか67分で結びます。そうなると、航空会社も羽田＝大阪線を含めた国内交通ネットワークについて大きな戦略変更を求められることになると思います。最短で11年後、最長で21〜29年後のリニア時代を見据えながら、新たな航空ネットワークのあり方を研究し、福岡空港の進むべき方向を見極めておく必要があります。

もう1つは、今後の交通の結節策として、新幹線の空港乗り入れは考えられないかということです。観光立国政策促進の観点から、空港と新幹線駅の乗り継ぎ利便を高めて、空港を起点とした大きな人口流動体系を作ることで地域創生の起爆剤にすることはできないでしょうか。こうすることで、空港も新幹線も大きく価値が上がるかもしれません。リニア時代を迎えるにあたり、例えば、耐用年数が残っている在来型新幹線車両を活用して、北九州空港と福岡空港との間を直通運行ができないかなど、これまでの航空と新幹線のライバル関係を協調的関係へと変革することの検討は一考に値するかもしれません。

空港価値を上げるためのヒント
ABC戦略

■あるべき姿の見える化

あるべき空港にするためにはどうしたらよいのでしょうか。今後の空港民

営化も踏まえ、産・学・官及び地域の皆さまの知恵を結集して、安全・安心を基盤に、空港機能強化、利便向上、地域活性化、人材育成などの観点で、価値ある空港づくりと魅力的な空港まちづくりについて考え、「空港のグランドデザインを"見える化"していくこと」が大切です。

■福岡空港を取り巻く「キーワード」

これまでの記述から、福岡空港を取り巻く「キーワード」をまとめてみました。今後の福岡空港を考えるうえで参考になれば幸いです。
- 価値向上
- 機能強化
- 魅力づくり
- 空港民営化（運営効率化、利便性向上、国際競争力強化など）
- 地域活性化
- 人材育成
- 品質向上
- 交通ネットワーク強化（航空路線拡大）
- ICT活用
- ユニバーサルデザイン
- アクセス強化（二次交通、他空港、新幹線との連携）
- 地区開発（天神地区、博多地区に続く「第3のエリア」としての都市開発）

■福岡空港における「ABC戦略」

前述のキーワードを捉えつつ、福岡空港の今後の発展の方向性を、「ABC戦略」としてまとめてみました。
- Airport Value
  空港の機能強化や地域特色の"見える化"などにより、空港の価値を高めること
  Access Improvement：今後の航空需要や旅客需要予測への的確な対応

及び利用者利便向上のための空港アクセス改善

　Area Development：博多地区、天神地区に続く『第3エリア』としての空港周辺地区開発

　Active Land Use：空港及び空港周辺の積極的土地活用（地下と地上空間）

- Best Quality Airport
地域拠点空港から脱皮し、全ての面で「高品質の国際空港・利便性の高い国内空港」を目指す
- Collaborative Airport Operation
「空港民営化」に伴う産学官及び地域全体による魅力的かつ協調的な空港運営

　以上です。福岡空港は大転換期に入りました。産学官と地域が一緒になり、福岡空港を盛り上げ、その魅力を作り上げていくことが強く求められています。

こぼれ話：テレビ・ポスター等で、「安全・安心」とか、「安心・安全」とか表現しているのをご覧になったことがあると思います。「安全」と「安心」のどちらを先にするか特に決まったルールはありませんが、航空局では、「安全・安心」という順番で使っています。安全な環境があって初めて人間は安心できるという考え方に基づいています。厚生労働省などでは、「安心・安全」という言い方をしており、人間にはまず安心が大切であるという考え方だと聞いています。

垣阪紀之（かきさか・のりゆき）
1975年運輸省入省、航空局管制保安部管制課課長補佐。関西空港事務所管制保安部長、鹿児島空港事務所長などを歴任。2014年1月から2016年3月まで国土交通省福岡空港事務所空港長。

アジアとの交流を支えてきた
博多港

博多港ふ頭株式会社専務取締役
大東光一

数字でみる博多港

　糸島半島と志賀島の先端を結ぶ線の内側の博多湾は、約1万1,000ヘクタールで、博多港港域（海上交通安全面で規制がかかる区域）と、博多港港湾区域（福岡市が管理する博多港の水域エリア）に分かれています。うち博多港港湾区域には、いろいろな機能が集積しています。西から順に、荒津区域、須崎ふ頭、博多ふ頭、中央ふ頭、東浜ふ頭、箱崎ふ頭、香椎パークポート、アイランドシティが造成、整備されています。西部地区は港というより、新しい都市（町）ができている区域です。博多湾の水深は平均7メートル。そして、海の中道が北側にあります。この2点は港の条件として最大のポイントです。北側の海の中道が防波堤の役割をしており、入り口に能古島があるために、非常に波の穏やかな「天然の良港」となっています。それが、昔から港として活用できた背景になっているわけです。

　入港船舶数は1年に約3万隻。1日当たり約80隻です。貨物は1年間に3,320万トン、1日当たり約10万トンが出入りしています。入ってくる貨物が65％で、消費する貨物の入港が多いのが特徴です。近年、港の水準を表す単位として取扱い国際コンテナ数（TEU）が使われています。長さ20フィート（約6メートル）と40フィートの2種類があり、この大型コンテナの取扱い個数で港の水準をみています。博多港は現状で91万TEU（20フィートコンテナ換算）で、国内6位の取扱い数です。ちなみに国内1位は東京で500万TEU。これは世界28位で、世界で見ると中国が圧倒的に多いです。船舶乗降人員は、外航・内航合わせて約200万人。特徴は、外航約87万人という国際旅客数です。これほどの国際旅客数を扱っている港はほかになく、この十数年、日本一です。クルージングのニュースもよく目にされることと思います。

　博多港に入港した船舶の中で最大の船舶は、コンテナ船が「マースク・エボラ」（14万1,716トン）で全長366.5メートル、クルーズ船が「マリナー・オブ・ザ・シーズ」（13万8,279トン）で全長310.0メートルです。

博多港鳥瞰図

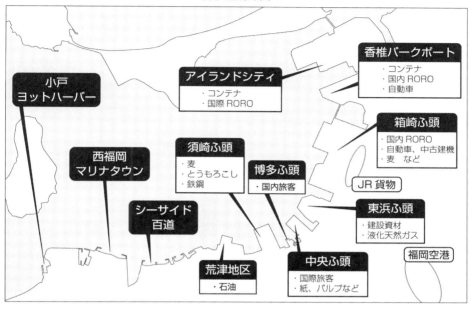

博多港の実績

入港船舶

隻数	29,998隻
総トン数	60,770,696トン

船舶乗降人員

外航	866,343人
内航	1,101,588人
合計	1,967,931人

コンテナ取扱個数

博多港91万TEU

国内1位＝東京港
500万TEU　世界28位

参考：2014年世界TOP10

順位	港	取扱量
1	上海	3,529万
2	シンガポール	3,389万
3	深圳	2,396万
4	香港	2,227万
5	寧波	1,945万
6	釜山	1,868万
7	広州	1,660万
8	青島	1,658万
9	ドバイ	1,525万
10	天津親港	1,405万

海上出入貨物

外貨	輸出	7,218,890トン
	輸入	11,067,083トン
	計	18,285,973トン
内貨	移出	4,097,473トン
	移入	10,800,349トン
	計	14,897,822トン
合計		33,183,795トン

アジアとの交流を支えてきた博多港

マースク・エボラ
総トン数：141,716トン
全　　長：366.5メートル
積載能力：13,102TEU

マリーナ・オブ・ザ・シーズ
総トン数：138,279トン
全　　長：310.0メートル
乗客定員：3,114人
ルート：上海(中国)－済州島(韓国)－博多

はじまりから博多商人の時代へ

　船の歴史は、飛行機と違ってはっきりしていません。発祥は不明で、太古の丸太の時代から道具として使われていたようです。博多港の歴史は、アジアとの関わりから始まります。江戸時代に志賀島で発見された金印は、西暦57年にすでに大陸との交流があったことを示しています。まさに、アジアとの交流のシンボルです。飛鳥・奈良・平安時代の7〜9世紀には、大阪を出発した遣唐使船が博多港を経由して大陸へ向かいました。山上憶良や最澄、空海たちが海を越えて行ったのです。当然、この船で物資の交流も行われました。

　この時代の日本には「三津(さんしん)」と言われる重要な港がありました。「津」とは船着場や港のことです。伊勢・阿濃津（三重県津市）、筑前・博多津、堺津（大阪）の3つで、中国の歴史書では、「日本三津」に、堺津ではなく坊津（薩摩半島）を入れています。いずれにしても、その時代に重要視された港はすべて西側にあったのです。

　博多の港は、当時から交流の玄関口となっていました。それを具体的に証明するのは、鴻臚館です。鴻臚館は当時の外交施設で、今で言う迎賓館の役割を果たしていたとされています。これは大宰府政庁が大陸との外交を担っ

鴻臚館 想像鳥瞰図（提供：福岡市）

ていた証ではないかと思われます。
　鎌倉時代を描いたといわれる古地図を見ると、長浜、草香江、荒津などの地名が記載されていて、当時は相当内陸部まで海域だったことが分かります。鎌倉時代には2度、元軍の襲来がありました（元寇）。その遺跡は、防塁という形で市内に数か所、現存しています。元とは戦いもありましたが、一方で貿易も行っていました。日宋貿易、日明貿易、日元貿易などといわれ、書物によると、銅銭や陶磁器、絹織物、経典などを輸入し、金、銀、銅、硫黄、日本刀などを輸出していたそうです。福岡市内の承天寺の境内には「饂飩蕎麦発祥之地」という石碑が立っています。承天寺の開基・聖一国師（円爾）が大陸から製法などを持ち帰ったことから始まったとされ、福岡が発祥の地といわれています。大陸との交流の結果ではないかと思います。
　室町、安土桃山時代から江戸時代初期は大航海時代といわれています。ヨーロッパ人がアフリカやアジア、アメリカ大陸へ大規模な航海を行った時代で、日本でもこれまでの大陸一辺倒から、朝鮮半島や琉球、南方（シャム、マラッカ、スマトラなど）との交易が進められた時代です。これにより交流

エリアが広がり、船が大いに活躍しました。

　日本と明との交易を「日明貿易」といいます。それまで貿易は自由貿易が主体でしたが、室町時代に、博多が交易で潤っていることに気づいた幕府が、その交易を制限したのです。「勘合符」という割符をつくって、制度貿易に切り替え、統制しました。このことから「勘合貿易」ともいわれます。この貿易の実質的な担い手も、博多の商人が中心だったといわれています。

　この時代、博多には有力な豪商が生まれました。中でも「博多三傑」といわれるのが、嶋井宗室、神屋宗湛、大賀宗九で、神屋宗湛は最終的に秀吉の側近にまでなったといわれる人物です。このように、博多は商人の活気あふれる港町でした。それは現代にも通じるのではないかと感じています。

　当時、博多には五か浦廻船という内航海運業が発生していました。50隻ほどで、福岡藩の年貢米を大坂に運んだり、北海道や東北の幕領米や産物を江戸や大坂に運んだりと、全国にまたがって海運業を行っていました。船を自由に持てなかった時代に、五か浦廻船だけは大きな船を持つことを許されていたということです。最盛期は江戸時代の中ごろまでで、以降は北前船の台頭により衰えていきます。

　古来、港湾都市として繁栄してきた博多ですが、江戸時代に入ると、幕府が鎖国政策をとったために低迷していくことになります。

明治から昭和初期

　明治に入ると、博多の人々の胸に港に対する熱い思いがわき起こります。その代表は村上義太郎でしょう。村上氏は1877（明治10）年ごろ、西南戦争の軍需物資輸送で蓄財した人物で、その金を元手に対馬小路下の海岸に灯台を私設し、入ってくる船から入港料を徴取し始めます。同年には「筑紫新聞」（現・西日本新聞社の前身）が創立され、同じ時期に第十七国立銀行（福岡銀行の前身）ができました。1883年には博多港は税関から特別貿易港に指定されています。このように商圏的基盤が整い始めた時期です。こうしたことが、村上氏が入港船舶から入港料を徴取する背景にもなったのです。

1945年ごろの博多港（提供：九州大学付属図書館）

ずいぶん入港料が入ったとの記録も残っています。当時、博多築港計画が進められていましたが、村上氏のおかげでその機運が高まり、1889年、市制が施行されたのと同時に、特別輸出港の指定も受けたのです。村上氏の灯台は最終的に福岡市に譲渡されました。

　この時期、「本格的な港づくりをしよう。それには民間人の力とお金が必要だ」ということで、株式会社が2社できます。福岡築港会社と博多築港会社です。博多築港会社は博多船溜まりを計画します。現在のサンパレスやコンベンションセンターがあるエリアです。当時は市の資金が十分でなかったため、民間資本の整備に任せた面もあります。博多港は1899年に開港指定され、近代港湾としてスタートしました。その後、国を中心に本格的に港の整備が進められます。

　それに先がけて、福岡市出身の政治運動家・杉山茂丸が外資導入による大港湾計画の実現を目指しました。アメリカから700万米ドルを調達することを取り付け、それを原資として港を整理するという計画をたて、博多の築港

1900（明治33）年博多築港平面図

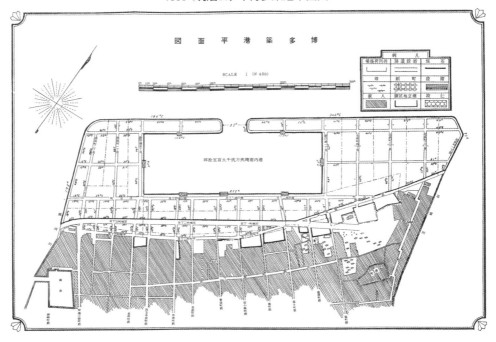

熱をさらに高めた人物です。杉山氏の計画は、最終的にドルの導入を断念する結果となりましたが、福岡市がそれを引き継ぐ形で港の整備を進めていきました。

　行政として築港に積極的に取り組んだのが、1926（大正15）年から5年間、福岡市長を務めた時実秋穂氏です。1927（昭和2）年、博多港は第2種重要港湾に指定され、国の港湾修築計画に組み込まれて整備が進められていきます。1931年から1945年まで、3段階に分けて港の修築工事が行われ、これが国際港としてのスタートになりました。このころ、中央ふ頭、須崎ふ頭、西公園下といった基部が埋め立て造成され、港が形づくられました。埋め立て直後の1936年には、須崎ふ頭で博多築港記念大博覧会も開催されました。しかし、その後、第二次世界大戦が起こり、博多港は福岡大空襲で大きな被害に遭ったのです。

上:昭和初期の
　　博多船溜
(提供:福岡市港湾局)

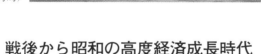

右:昭和16年の
　　中央ふ頭
(提供:福岡市港湾局)

戦後から昭和の高度経済成長時代

　終戦後の1945(昭和20)年10月、博多港は引揚援護港に指定され、中央ふ頭が引揚者の上陸場所となりました。そして、1947年10月に連合軍総司令部から改めて貿易港の指定を受け、その2年後に戦争中に博多湾に投下された機雷をすべて掃海し、港としての機能を復活させました。その後、1950年に制定された港湾法で、それまで国の造営物であるとの位置づけだった港を地方に委ねられることになり、翌年に博多港が重要港湾に指定され、1952年、福岡市が博多港の港湾管理者に指定されたのです。そこから本格的な整備に向け、初めての長期計画が登場します。

　1960年、福岡市が初めて博多港の港湾計画を作りました。その基本方針は「商港として整備するだけでなく、工業港としての発展をめざす」という

1945（昭和20）年、引揚援護港に指定された博多港

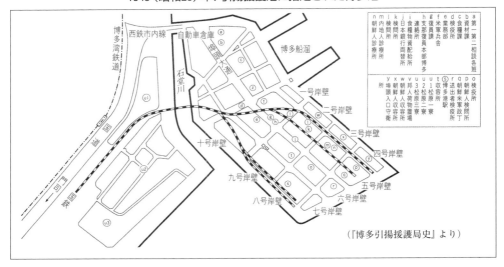

(『博多引揚援護局史』より)

1960（昭和35）年博多港港湾計画図

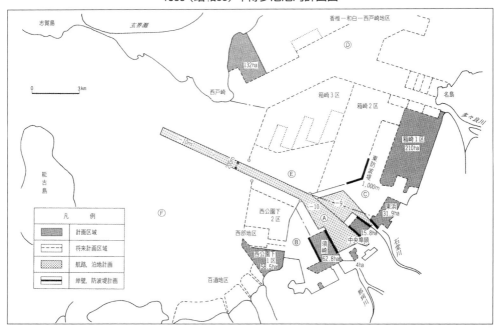

1964年にオープンした
博多パラダイスのパンフレット（上）と、
現在の博多ポートタワー（右）
（提供：福岡市港湾局）

ものでした。当時の計画図には、目標計画の部分だけでなく、長期的な構想図（点線部分）も記されています。博多湾の中央部から東部にかけてほとんどを埋め立て、臨海工業地帯を造成するという発想になっています。この時点で、地行・百道地区も埋め立てる構想がありました。1964年に、博多パラダイスという民間のレジャー施設が整備されました。これは現在も博多ポートタワーとして残っており、福岡市のPRセンターや駐車場になっています。

　須崎ふ頭では大々的な整備が進められました。福岡市単独ではなく、民間資金も調達し、1961年に博多港開発株式会社という第三セクターが誕生しました。須崎ふ頭で特徴的なのは、港の中に穀物サイロが設置された点で、「穀物ふ頭」というエリアがあります。当時、農林省から食糧コンビナート等の指定を受けたので、企業を誘致し、穀物ふ頭で外国からの穀物を荷揚げすることになったのです。背後に飼料工場などが立地し、大きな煙突のような穀物サイロが連立しました。これは現在も続いています。穀物は、小麦も

現在の須崎ふ頭全景

　大豆もトウモロコシも、すべて粉の状態で輸入されます。これを荷揚げする機械を「ニューマチックアンローダー」といい、大型の掃除機のような機械です。現在の機械は1時間に400トンを吸い込んでサイロに送り込むことができます。

　もう1つ、1960年の長期計画で実行されたのが、箱崎ふ頭の整備です。当時、最大の埋め立て整備でした。現在、箱崎ふ頭は博多港の中枢的なふ頭に成長しています。この整備も、市に財源がなかったため博多港開発との合併事業とし、市が事前に全体事業費の67％を開発会社から調達し、できあがった土地の67％の権利を開発会社が所有するという仕組みで進められました。この時、現在、香椎パークコートの背後の香椎浜団地も、福岡市の事業として同時に埋め立てられました。この事業では、当時のお金で28億円の

1962年、須崎ふ頭の埋立風景
（提供：福岡市港湾局）

須崎ふ頭の ニューマサイロ
（提供：福岡市港湾局）

漁業補償をしています。この交渉が妥結した後で事業に着工しました。

漁業交渉に触れたのには理由があります。博多港の水深は平均7.5メートルと浅く、そのため3,000総トンの船しか入れません。重量貨物では5,000トンの貨物が積める船しか入れないのです。しかし、穀物船は2万トンで、11から12メートルの水深が必要になります。水深12メートル航路を整備し、ふ頭まで穀物船が入れるようにするため、箱崎・香椎地区埋立事業により航路を掘り下げました。

ところが、埋め立て技術が発達段階だったため、埋立地から土砂が流出し、漁業者から大反発をかう事態になりました。当時、市役所前に抗議の白旗が立ったとの記録があります。そこで市港湾局と漁業者の間に市議会が入り、調停が整いました。ただし、「漁業補償については再度検討するとこと」「流

1967(昭和42)年博多港港湾計画図

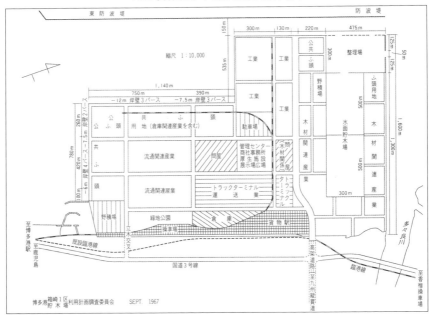

箱崎フレートライナー基地(上)と
自動車運搬船(右)
(1979年撮影
提供：福岡市港湾局)

1984年の箱崎ふ頭全景

出した土砂は処分すること」という条件がついたのです。これは、その後の港湾整備に影響していくことになります。

箱崎ふ頭は、ほとんどの港湾貨物が扱える総合的なふ頭です。箱崎ふ頭のそばにはJRの貨物基地が整備されています。箱崎ふ頭には、各メーカーの自動車が上がっていて、九州の中では福岡市が最大の集積地でした。この事業の完成により、船で大量輸送した自動車を、博多港の箱崎ふ頭から九州一円に陸送する仕組みができたのです。

港湾計画の変遷

■現在の博多港の原型となった計画

1965（昭和40）年以降は現代の港湾整備が進められていきます。1972年の博多港港湾計画は、1960年の年計画に比べ、かなり具体的になっていて、

1972(昭和47)年博多港港湾計画図

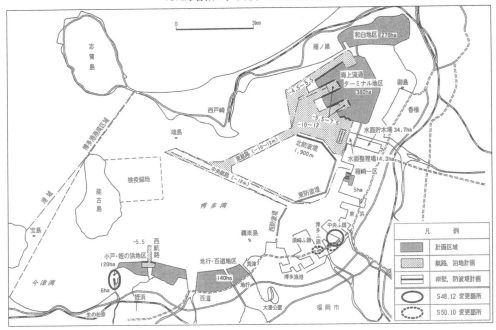

港をきちんと整備していこうという福岡市の決意と姿勢が表れています。また、博多湾はこのころから、市民共有の財産という位置づけになってきて、港湾事業も湾全体の利用方針を立てて、しっかりと考えていこうと言われ始めました。

1978年の博多港港湾計画は、今の博多港の原型となった計画です。櫛の歯型の埋立計画がありますが、これは、この時、国の指導もあって、神戸のポートアイランドを博多湾にもってきたような計画でした。当時は、港湾整備の中で環境問題は大きく取り上げられていませんでしたし、環境アセスメントもありませんでした。1973年の港湾法の一部改正くらいから、港湾の開発整備にあたっては環境に配慮するように、との文言が入ったように記憶しています。

計画の実施に向けて湾内の漁業組合との交渉が始まりました。博多港の開

1978(昭和53)年博多港港湾計画図

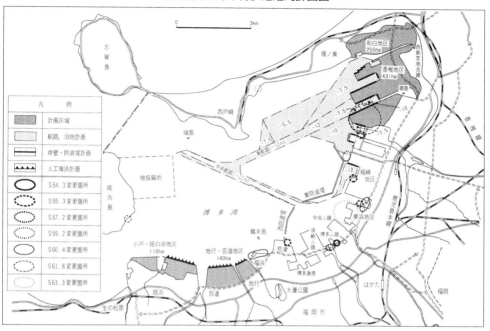

発で影響があると思われる組合は、湾内に8組合、湾口部に4組合、計12組合（漁業者数は計1,800人）でした。漁業補償は、事業を実施するエリアだけにするのが普通ですが、過去の問題もあり、漁業者から「計画全体の一括保障を」という要求が出ます。市も協議を重ね、最終的に一括保障に応じる方向になったのです。1975年近くになって交渉がうまくいく見通しが出てきましたので、計画を実施に移そうと、それまでの計画を手直しして出てきたのが、1978年の港湾計画です。特徴は東部の計画で、島方式から、すべて陸続きに変わっていることです。

　箱崎ふ頭と東防波堤との間に浚渫するエリアがあります。香椎浜の埋め立てで流出した土砂があるので、それを浚渫し、埋め立ててで封じ込めるという目論見になっています。こうした目論見も合わせ漁業者と交渉した結果、1980年12月に交渉は妥結しました。その補償額が305億円。当時の漁業交渉

1988年、埋立竣功後のシーサイドももち・西福岡マリナタウン

では過去最高額だと新聞に載りました。2年間で3回に分けて支払いましたが、これが重荷になります。事業をしなければ、国からも市からも補助は出ません。事業をする前に自腹を切ったわけです。市が借金をして全部支払ったのですが、当時の金利は5％を超えていました。この借金が港湾財政の負担になったのです。

■シーサイドももちと小戸・姪浜

1981年、事業は西部地区からスタートしました。福岡市がシーサイドももち（当時は地行・百道といっていた）の140ヘクタール、博多港開発が小戸・姪浜の110ヘクタール、同時スタートでした。事業費は当時のお金で780億円と500億円です。1988年ぐらいまでかかって埋め立て地は完成しました。しかし、当時は第2次オイルショックが起きたばかりで、不景気の影響で土地が売れるかどうかという厳しい状況でした。それで、1988年から

現在のシーサイドももち（提供：福岡市）

時代の変化に合わせて土地利用を見直そうということになったのです。

　当初の埋め立て計画では、地行はスポーツレクレーションの大規模公園緑地、百道は住宅用地、小戸・姪浜もほとんどが住宅用地、小戸は一部を下水処理場、これが土地利用目的でした。小戸・姪浜はほぼ当初の計画通りでしたが、地行・百道は見直されました。地行地区のスポーツレクレーション施設はアジア大会開催を睨んで計画されたのですが、海風の影響で公式記録には不適切ということになり、頓挫。新しい時代に沿った土地利用に見直し、近代的な都市づくりをしようと全面的に計画を変更し、ツインドームシティ、ソフトリサーチパークといった内容に決まったのです。

　1989（平成元）年の「アジア太平洋博覧会」（よかトピア）の開催を契機に、土地が売れ始めました。バブル時代に向かっていたのです。1平方メートルの土地の販売価格は、埋め立て当初は8万円でしたが、本格的に売れ始めた時には、場所にもよりますが、15万円から二十数万円と高騰し、事業が

1989(平成元)年博多港港湾計画図

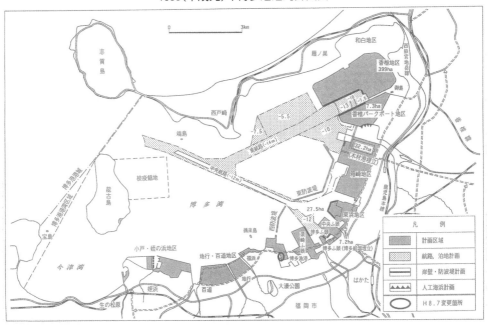

現在の香椎パークポート全景

1933年の香椎パークポート

1944年、香椎パークポート
コンテナターミナル開業

黒字変換することになりました。おかげで、305億円の借金もこの事業益で一括返済できましたし、後々の事業も非常にやりやすくなりました。事業としては成功した例ではないかと思います。また、埋め立てる前にあった白砂青松を人工的に復元しました。松を民間ボランティアの手（夢松原の会）で植樹してもらい、砂浜には海上商業施設「マリゾン」と福岡タワーを民託事業で設けました。

■ 香椎パークポート

計画の中で都市づくりは進められましたが、港湾機能の整備も必要でした。特にコンテナ貨物の増加から、博多港のコンテナ対応が急がれていたのです。

従来、環境面は大きな問題にはなっていませんでしたが、シーサイドももちの埋め立て時くらいから、環境問題に対する世の中の目が厳しくなってきました。和白干潟があるため、反対運動も起きました。そこで市は、第一突堤だけをつくって、あとは見直すという決断をし、建設に着工しました。そうやって整備されたのが香椎パークポートです。140ヘクタール弱の埋め立てで、地行・百道とほぼ同じ規模です。香椎は港湾機能拡充のために埋め立てを行いました。背後には香椎浜という住宅地が接しているので、間に大規模な緑地を配置しました。メインはコンテナターミナルで、1994年にオープンしました。

　この時は環境問題が相当厳しく、地元からは住宅地と流通施設を道路でつながないようにとの要求がありました。現在は1本だけつながっていますが、物流車は走っていません。また、大規模な緑地を設置したことがよかったと思います。コカ・コーラのラグビー場ができ、その隣にはアビスパのサッカー場ができ、市民や子どもにも開放されています。現在は大きな公園も造成されています。こうして香椎パークポートが完成し、港としてコンテナへの対応ができるようになったのです。

■アイランドシティ計画とポートルネッサンス計画

　その後、市民と約束した残りの地区の作業を見直しました。環境問題、埋め立て反対運動がピークの時期です。和白埋め立てが1989（平成元）年の計画で消滅し、干潟は残すことになりました。残りの地区は、後ろの海岸線を残そうということで、陸続きから島に戻しました。もう1つ、この水域が島によって海水が滞留し汚れはしないか、と盛んに言われました。しかし、下水処理技術が進んだこともあって、ここは水の交換が自然的にでき、水質が保てるという計算もできたので、島に戻したわけです。それがアイランドシティ計画です。広さは401ヘクタール。能古島の面積とほぼ同じです。

　また、老朽化が進んでいた都心部のウォーターフロント、すなわち須崎ふ頭、博多ふ頭、中央ふ頭の3ふ頭を再開発し、物流というハードな空間ではなく、市民に親しみのある空間に変えていくことが、この計画の中で謳われ

1999年、
博多港開港100周年

ました。「ポートルネッサンス計画」と銘打って、再開発のイメージを出したのです。その結果、博多ふ頭と中央ふ頭の2ふ頭を再開発することになり、その目的の1つは旅客ふ頭として再建整備すること。もう1つはコンベンション機能を導入することでした。現在、ベイサイドプレイス・コンベンションセンターはできています。しかし、当時構想に入っていたはホテル事業は実現していません。展示場、会議場、宿泊施設がコンベンションの3点セットですが、博多サンパレスという宿泊施設がすでに存在していたので、コンベンションの三位一体は一応整いました。

1999年に博多港は開港100周年を迎え、記念イベントが開催されました。

博多港は、1984（昭和59）年にニュージーランドのオークランド港と姉妹港、1988年にアメリカのオークランド港と交易協力港、1997年に中国の上海港と友好交流港、そして1999には年ベルギーのゼーブルージュ港と貿易協力港になっています。特筆すべきは、100周年のイベントで、この連携

アイランドシティ全景

2003年、アイランドシティコンテナターミナル供用開始のセレモニー（左）
以降、順調に増加しているコンテナ取扱量（右）

　4港の関係者を招待し、4港間の交流を深めたことです。その後も、4港とは文化交流や記念式典に招待し合うなど交流が続いています。

　最後のプロジェクトがアイランドシティです。全体事業費は4,600億円。事業主体は国、市、博多港開発会社の3者。環境問題が激しい時代だったので、1993年5月に免許申請し、取得したのは翌年4月でした。環境面の手続きに相当時間がかかったのです。

　アイランドシティの造成は、まだ2分の1までいっていません。今なお道半ばですが、できたところから利用しています。2003年にコンテナターミナルができました。高層住宅が建ち、こども病院もオープンしました。あと

現在の博多港国際ターミナル（2014年撮影、提供：福岡市港湾局）

2年程度かかると思いますが、都市高速道路を誘致することが決まっています。

世界のゲートウェイ・博多港

　アジア、世界とともに発展し続ける国際都市、それが九州北部に位置する福岡市です。その発展を昔から支えてきたのが博多港で、その魅力はコンパクトにまとまった利便性のよさです。JRの福岡貨物ターミナル、福岡空港、高速道路網といった陸・海・空の交通の結節点が周囲5キロ圏内に集積していて、ユーザーはニーズに応じて輸送モードが選択できます。

　アジア諸国に近い博多港は、その地理的優位性を活かし年々コンテナ貨物取扱量を増やし続けています。さらに博多港は、コンテナ定期航路として、アジアだけでなく世界各地の港とダイレクトに接続しています。姉妹港や友好港など世界中にネットワークが広がっています。その経済効果は約2兆円、

雇用創出効果は約27万人（福岡市港湾局）です。

　博多港でコンテナ貨物取扱の中心的機能を担う施設が、香椎パークポートと、アイランドシティの国際コンテナターミナルです。香椎コンテナターミナルは延長600メートルの岸壁に4基のガントリークレーンを備えています。アイランドシティのコンテナターミナルは、6万トン級の大型コンテナ船が同時に接岸できる岸壁に、5基のガントリークレーンがあります。さらに、新ターミナルの整備も計画されており、岸壁総延長1,000メートル超の高規格国際コンテナターミナルを段階的に整備していく予定です。

　コンテナターミナルは災害にも強いのが特徴です。耐震構造の岸壁ですし、震度7程度の強い揺れにも耐える免震構造のガントリークレーンです。万が一、停電した場合も、荷役機械などを活用して電力を供給する独自のバックアップ体制を構築しており、機能を損なうことなく業務を継続できます。

　もう1つの特徴は、地球環境に貢献するエコターミナルであるということです。国内で初めてトランスファークレーンの電動化を実現し、ディーゼルエンジンの稼働が不要になりました。そのほかの取り組みなどと合わせ、大幅な環境負荷低減とエネルギーコスト削減とを実現しました。特にCO_2は約80％の排出量削減効果を示しています。これは、アイランドシティ全体の1.5倍となる600ヘクタール相当の森林が年間に吸収するCO_2の量に匹敵します。こうした取り組みで、博多港は、2013年5月、世界の港湾関係者が集まるIAPH（国際港湾協会）で「港湾環境賞金賞」を受賞。会員90か国、およそ180港の中で最高の評価を受けました。

長期大プロジェクトの難しさ

　大規模な埋め立てによるまちづくり、港づくりを紹介しました。これには相当長い期間がかかっています。その間に、社会情勢、経済情勢が変わりますし、市民のニーズも変わります。したがって、最初の計画とできあがったものには違う部分も出てきます。いかに柔軟に、最良な実行をするか。それが一番の苦労だと感じました。

こうした大プロジェクトでは、市民の理解を得るのは難しいことです。なぜ当初の計画と変わったのか、もともと必要なかったのではないか、という議論が必ず沸き起こります。変えることがいかに難しいかを経験しながら、現在に至っています。

　ちなみに、西部も香椎パークポートも、港やまちとして成熟するまでに、着工から25年かかっています。アイランドシティも着工から20年近くたっていますが、成熟するまでにはまだ20年以上かかるでしょう。そう考えると、50年近い事業となるわけです。50年間に福岡市が必要とする機能は変わってくるだろうし、それをアイランドシティに反映することも当然出てくると思います。

　港は福岡市の経済の4分の1を占めるといわれています。港の活力は背後都市の活気につながります。これだけは間違いありません。博多港の元気が福岡市の元気になるように、今後も頑張っていきたい、そう思っています。

大東光一（だいとう・こういち）
九州大学農学部卒業後、1974年、福岡市役所入職。1992年港湾局に入り、以後、計画部、同局計画課長、同局港営部長等を経て、2005年、博多港ふ頭株式会社へ入社。事業統括本部長、代表取締役専務等を歴任後、2009年に福岡市へ復職し福岡市西区役所区長を務める。2011年福岡市を退職後、博多港ふ頭株式会社入社。審議役、専務取締役、代表取締役社長を経て、2016年6月から相談役。

日本の対アジア拠点港を目指す
博多港

福岡市港湾局理事
石原 洋

福岡市の概要

　右に掲げた写真は能古島からクルーズ船を撮ったものです。時は4月。「コスタ・アトランチカ」という2,680人乗りのカジュアルクルーズ船で、黄色の煙突がコスタ社のシンボルです。この船は博多港に多く入港していますが、今年は増えていて、年間40隻ぐらいになると思います。後ろに多島美、手前に花畑が広がっている港は、海外にはないと思います。神戸にも東京にもありません。福岡だからこその風景です。日本の政令都市で、百道浜ほどしっかりと人工海浜をつくりこんだ都市はないでしょう。福岡市港湾局の先代の方々のご尽力だと思っています。ここには、クルーズで福岡を訪れた中国の人たちもよく来られていて、外国人が非常に多く、海外に行ったような気分になれます。

　博多港には、埋め立てで、シーサイドももち、マリナタウン、アイランドシティなど、素晴らしいまちが生まれています。ただ、課題もあります。今後の課題を先に言うと、港の発祥地である荒津地区、須崎ふ頭、博多ふ頭、中央ふ頭を今後どのように再開発し、活用していくかです。再開発にはかなりの時間がかかります。どういうビジョンを描けるのかが、今後、非常に大事になると思っています。

　まず、福岡市の概要に触れておきます。

　市長は「人口や経済規模ではない、人と環境と都市活力の調和がとれたアジアのリーダー都市・福岡をめざす」と繰り返し言っています。そのための強みとして、アジアに近いこと、コンパクトな都市構造、すばらしい景観があります。福岡市は海や山に恵まれ、非常に良好な市街地を有していますので、住みやすい、創業に適しているというPRをたくさんさせていただいています。国際戦略特区に指定され、開業率は日本で1位です。私は福岡に来て3年目ですが、まち全体が非常に元気だという印象を強く持っています。福岡に来る前は四国に1年半いましたが、どこの首長からも、人口減に悩んでいるという話しか聞きませんでしたので、福岡市の人口が伸びていると聞

いた時には驚きました。日本の中でも特異なまち、元気すぎるまちで、市長の言葉を借りると、「チャレンジしていくスピリット」を非常に感じるまちです。

その市長の強いリーダーシップのもとで、行政だけでなく、民間も市民も巻き込んで、福岡を次のステージへ、という取り組みが行われています。これに応えるべく、今後は民間の方にも提案をいただき、一緒にやっていきたいと思っています。大切なのは、都市の成長の果実を生活の質の向上に充てること。そのためには供給力を向上させないといけません。供給力不足の中には港も挙げられます。港の供給力をどのようにして増やしていくかも課題です。

福岡市を語る時、米・シアトルがよく例に出されます。数多くの世界的な企業の創業、海や山に囲まれた豊かな自然環境、コンパクトな都市機能、優れた学生を抱える大学など、似ている点が多いからです。港もこれと同じ方向にいくのかなと思っています。都市に人口や経済規模を求めるのではなく、その質、港で言えば港の質、熱量を持った一味違う港を目指し、将来の姿を

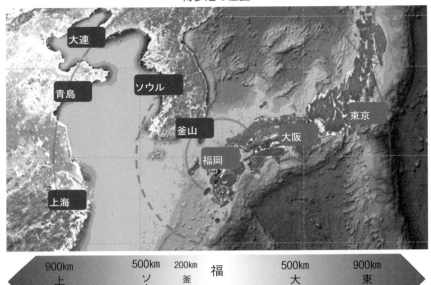

博多港の位置

含めて考えていかなければいけないと思います。アジアの拠点都市を目指して成長を続けている福岡市ですので、それを原動力に博多港にも勢いをつけていきたい。逆に言えば、港が元気になり、それを福岡市の元気につなげていきたいと思っています。

物流面から見たアジアの中の博多港

　福岡市からは、中国沿岸部の成長著しい都市も、東京も、ほぼ同じ距離にあります。この距離圏内には上海、青島、大連が入っています。釜山港はかなり大きい港で、博多港とは地理的にも競争関係にあります。
　物流を表す指標をコンテナ（TEU）で見ると、2014年の博多港の国際海上コンテナ貨物取扱個数は91万1,000TEU。東京は440万TEUで世界第28位です。韓国・釜山港は2014年速報値で1,868万TEUと世界第6位。これは

日本全体で扱うコンテナ数とほぼ同数です。釜山港の数字には、中国沿岸から集めたものを大型船に積み替える分も入っています。大きな船を集め、それだけ貨物を取り扱えるということは、やはり港の力なのかなと思います。第1位は上海で、3,500万 TEU。10年ぐらい前まではこうではありませんでしたが、国を挙げて洋上に巨大なコンテナターミナルをつくり、1位になりました。大きな船は必ず上海港に寄る時代になっていて、その結果、釜山港の2倍の物流となっているのです。青島は第7位、大連も増えています。

　実は、中国・上海を中心に基幹航路ができあがりつつあります。コンテナを運ぶ大型船にとって、東京、横浜、神戸、大阪、名古屋は、寄りづらい港になりつつあるのです。ヨーロッパ航路ですと、地中海を通ってスエズ運河を抜け、シンガポール経由で香港や台湾へとやってきますが、日本は遠すぎて、この4、5年、上海で折り返すケースが多く、最近は釜山に寄らずに直接ロサンゼルスやロングビーチに向かうのです。そういう意味で、重心は東南アジアに傾きつつあって、東京、横浜、神戸、大阪は地位が落ちてきているのではないかというのが、私の見立てです。博多港はアジアに近いという利点があるので、もう少し何かできるのではないかと思っています。

伸びが期待される新マーケット「クルーズ」

　クルーズは地中海やカリブ海などで定着してきており、観光に占めるマーケットは非常に大きいものとなっています。現在、世界のクルーズ船社はグループ化され、それによって業務の規模も大きくなっています。船は若干あまり気味で、そのあまった船をアジア市場に投入しています。アジアには昔からシンガポールなどクルーズの拠点がありましたが、今は上海、天津、アモイ、香港を中心にした北東アジアにクルーズ船社が船を投入しています。中国人はクルーズが好きなようで、利用者はかなり増えています。

　なかでも人気を集めているのが「上海発着4泊5日クルーズ」で、福岡はそのクルーズの寄港先としてちょうどいい位置にあります。上海発着の場合ですと、夜に出発、翌日昼過ぎに済州に到着、3日目に福岡に足をのばして

陸・海・空の輸送モードが半径5キロ以内に集結している福岡市

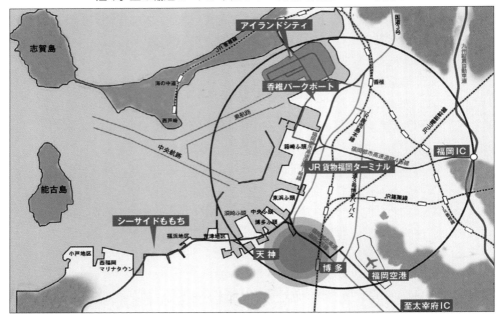

1日観光した後、4日目を洋上で過ごして5日目に上海に帰り、4泊5日。これが一番売れている商品です。こういう4泊5日のクルーズは、この1年ぐらい、すごく増えています。仮に東京、横浜、大阪を寄港先に入れると、クルーズは1週間以上の日程になり、商品として売りづらいので、4泊5日、あるいは5泊6日で福岡、長崎に来るクルーズが、ポテンシャルが高いようです。アジアに近い博多港にとって、これは強みの1つになってきています。

　陸・海・空の輸送モードが半径5キロ以内に集結しているのも、福岡の利点です。高速を降りて、すぐに博多港や空港ターミナルに行けますし、JR貨物のターミナルも非常に近いし、都心にも近いです。将来、博多港発着でクルーズをという場合、ラウンドクルーズの話が出てきますが、福岡はそのポテンシャルが非常に高いのではないかと思っています。その時、街のコンパクトな部分が強みになるのではないかと思うのです。

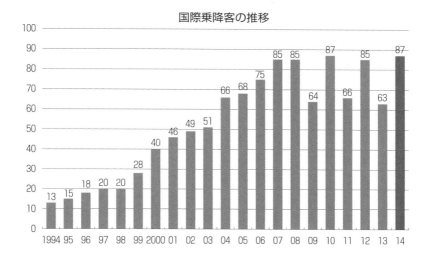

博多港の特徴

　港の役割で意外と知られていないのが、輸出入貨物量にしても、貿易額にしても、空港より港湾の方が圧倒的に多いということです。貿易立国日本としての重要なインフラは、港ではないかと思います。特に物流に関していえば、港の役割は大事です。

　博多港は、取り扱っているコンテナ輸出入貨物量で全国6位。九州全体の輸出入貨物量の半分ぐらいを扱っているのではないでしょうか。貿易額は全国で10位です。穀物の輸入量が多いのも博多港の1つの特徴です。穀物にはいろいろありますが、九州で輸入量が多いのは家畜飼料で、福岡だけでなく、八代港や鹿児島・志布志港でもたくさん上がっています。その中で博多港は食用の小麦の輸入が多く、九州で消費される小麦のほぼすべては博多港で荷揚げされています。大手2社の日清製粉と日本製粉が、それぞれ須崎ふ頭と箱崎ふ頭に製粉工場を持っています。もちろん小麦は博多港だけでなく、千葉港や神戸港など消費地に近いところに荷揚げされていますが、安定的に食糧を輸入するという意味でも、博多港は重要な役割を担っているわけです。

トヨタ自動車は、基本的に生産した車を名古屋に集めて輸出するパターンが多いのですが、宮田工場のレクサスは、博多港から中国、韓国、台湾に輸出されています。その貿易額はかなり大きく、博多港のヒット貨物です。

　一方で博多港には製油、製鉄、発電所、造船所のような工場は少なくなっています。LNG（液化天然ガス）基地は北九州市・ひびき灘に移りましたが、ハードに近いものは博多港に誘致しづらいのです。その一番の理由は、水深が浅いからです。また、意外とありそうでないのが、海釣り公園です。全国の同規模の港と比べ、そこが違う点です。

　九州大学の星野裕志先生に監修していただいたパンフレット「数字で見る博多港」は、博多港の経済効果を出しています。いずれも2013（平成25）年の推計値で、経済波及効果28.3％（１兆9,007億円）、雇用創出効果28.7％（27万3,243人）、税収効果28.3％（759億円）も含め、どれも約３割が博多港を通じて生み出されています。大型船舶寄港による経済効果も、中国発着の大型クルーズ客船（13万8,000トン、総乗客定員3,840人）を対象に推計すると、寄港１回当たり約１億9,000万円に上ります。2015年は約250隻入るので、計算上は500億円ぐらい経済効果があるということになります。

　今後、港が発展するうえで、市民の皆さんにこうした経済効果を含めよく理解していただかないと、次の港の整備に続かないと思っています。

コンテナ船巨大化時代の博多港の活路

　さて、物流の話に移ります。港の物流にコンテナは不可欠です。昔は博多港に原木が届いていましたが、今はほとんど製材され、コンテナに詰めて運ばれてきます。中古車もかなりの量がコンテナで海外に輸出されています。コンテナは何でも運べる魔法の箱です。コンテナができたことで、圧倒的に荷役時間が短くなりました。コンテナに合わせて船が大きくなった関係もあって、効率がいいのです。

　博多港の国際海上コンテナ貨物取扱の中心的機能を担う施設はアイランドシティと香椎パークポートに移りました。したがってメインの国際コンテナ

博多港の役割

空港・港湾における輸出入貨物量および貿易額の割合

輸出入貨物量（全国）
- 空港 0.2%
- 港湾 99.8%

貿易額（全国）*
- 空港 20.3%
- 港湾 79.7%

＊出典：貿易統計　財務省（平成25年）

博多港の経済効果

市内総生産
6兆7,239億円

市内従業員数
95万686人

市税総額
2,686億円

福岡市で消費される生活必需品が博多港を経由する割合
（　）は九州全体における割合

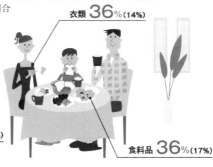

- 家電 37%（29%）
- 衣類 36%（14%）
- 家具類 28%（27%）
- 食料品 36%（17%）

■ 大型船寄港による経済波及効果

大型クルーズ船の寄港1回あたりの経済波及効果
約1億9000万円
中国発着の大型クルーズ客船「ボイジャー・オブ・ザ・シーズ」（総トン数：約138,000、総乗客定員3840人）を対象に推計

大型コンテナ船の寄港1回あたりの経済波及効果
約1億4400万円
北米航路で就航しているコンテナ船（総トン数：約54,000、コンテナ5000個積）を対象に推計

日本の対アジア拠点港を目指す博多港

物流ゾーンも、アイランドシティのＣ１ターミナルとＣ２ターミナル、それに香椎パークポートになっていて、ここで博多港のコンテナの９割を扱っています。残り１割は中央ふ頭です。そこに、カメリアラインが毎日、釜山から「RORO船」(トレーラーなどの車両を収納する車両甲板を持つ貨物船)で運んできています。

博多湾は水深が浅いところで３メートル、深いところでも10メートルなので、大型船を入れるには航路を掘り下げなければなりません。掘り取った土の有効活用法として、アイランドシティをつくったわけです。

博多港の国際海上コンテナ取扱量は2014年、約91万1,000TEUで過去最高を記録しました。全国６位です。東京が440万TEU、横浜が260万TEU、名古屋260万TEU、大阪220万TEU、神戸210万TEU、そして博多の91万1,000TEU。以降、北九州港40万TEU、清水港40万TEUです。これらで全国の９割ぐらいの貨物を扱っています。この数字を見ると、博多港は「アジアのゲートウェイ」の地位を確立しているのかなと思います。博多港の伸びは全国の伸び率よりも大きく、これは、これまでの港湾整備が着実に実を結んでいる証だと思っています。

博多港の国際コンテナの定期航路は、2016年８月現在で39航路、月間206便です。うち東南アジア航路が月間11航路44便で、韓国や中国がメインです。北米も月間２航路、一昨年までは欧州航路もありましたし、北米も世界で一番大きなA.P.モラー・マースクの航路もありました。しかし抜港(ばっこう)が続き、基幹航路が少なくなりつつあります。

では、コンテナの世界では、今、どういうことが起きているのでしょうか。まず、スピーディーに荷役ができるため、効率が上がっています。船も、欧州とアジアを結ぶ航路とアジアと北米を結ぶ航路では、どんどん大型化しています。10年ぐらい前までは、水深15メートルの岸壁があればよく、6,000～7,000個積むコンテナ船を大きいと思っていましたが、今は２万個を積む時代です。スケールメリットによって、より効率化しようというのが国際的な動きになっています。

また、以前は各船社が小さい船を数隻準備して回していましたが、スケー

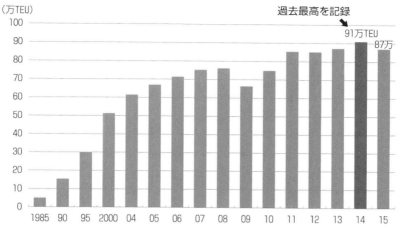

博多港の国際海上コンテナ取扱個数

＊2015年は港湾統計速報値
コンテナ取扱量は全国6位で、九州の半分以上
国際コンテナ定期航路：40航路・月便206便（12カ国、37港を結ぶ。2016年3月現在）

ルメリットを求め、船社がグループを組んで船を大型化するようになりました。日本では、日本郵船と商船三井と川崎汽船の3社がありますが、日本郵船と商船三井は船を出し合い、グループをつくっています。船は持ち寄るものの、コンテナの営業では競合しています。つまり、スケールメリットを求めつつ、コンテナを集める時はライバル同士となるのです。2015年には、デンマークの「マースクライン」とスイスの「MSC」という大手2社が手を組むことになりました。よりいっそうグループ化・提携が図られ、競争は激化しています。

　船の大型化が進むと、小さな港には寄港できなくなります。博多港にもなかなか寄ってもらえません。神戸、東京、横浜にもだんだん寄らなくなっています。上海などの3,500万TEUもの大量のコンテナを扱うような港にしか行かない時代になりつつあるのです。残りの港はフィーダー（小規模な船で大きな港である上海や釜山につないだりすること）で、という時代になりつつあります。かつて、トランシップ（積荷港から荷卸港まで、同一船舶で運送するのではなく、途中港で積み替えること）されると、積み替えの港で待

たされたり、荷物の取り扱い方が悪く傷んだりすることもありましたが、最近ではそういうこともほぼなくなってきて、荷主もトランシップを以前ほど嫌がらなくなってきました。博多港が「フィーダーポート」になりつつあるという部分もありますが、やむをえないことかなと思います。

博多の強みはアジアに近いことです。コンテナについても、RORO船を使うと、もっとスピーディーな荷役ができます。RORO船では博多と釜山とを結んだ貨物輸出入がうまくいっています。5時間半で行くので、1隻あれば毎日運航できます。加えて、荷役が早いので、博多に朝入ると正午には出航できます。RORO船だからできるビジネスモデルといえるでしょう。週1便の台湾・高雄と結んでいる琉球海運、そして、内航船ですが東京へ週6便の日本通運、商船三井フェリーなどがあるので、これらをクロスドッキングさせ、それぞれの強みを生かせないか、そこに博多港の活路があるのではないかと思います。

博多港の「3本の矢」

スケールメリットを求めるコンテナ業界の中にあって、博多港は上海や釜山になかなか太刀打ちできません。しかし、博多港には地理的優位性がありますので、「3本の矢」すなわち、IT、エコ（環境）、BCP（災害対応）、この3つに磨きをかけているところです。

まずIT。コンテナターミナルのゲート前の混雑があり、コンテナの搬出入に時間がかかっていたため、ITを活用しました。それが博多港物流ITシステム「HiTS」です。コンテナのステイタス情報を可視化したことで、コンテナを取りに来た業者がスピーディーに目的のコンテナを引き取れるようになりました。全国でもIT化していますが、博多が日本一と胸を張っていえます。

では、なぜ日本一になったのでしょうか。東京、横浜、神戸などは、各船社がターミナルを運営しているため、システムも船社ごとに異なっています。博多港は後発組だったことが幸いし、港の管理・運営をする博多ふ頭株式会

博多港の物流

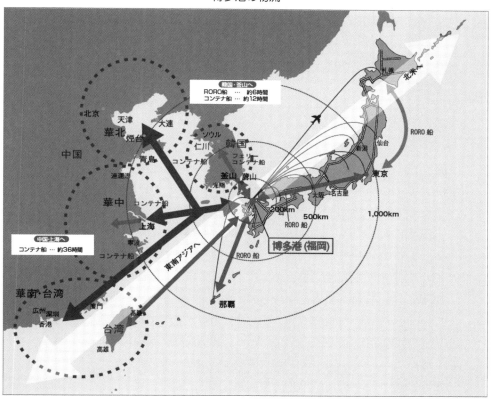

社を第三セクターとして設立したために成功したのではないでしょうか。市の支えもあるので、いろいろなチャレンジができ、それで日本一になっているのだと思っています。

　このほかにも、荷物が引き出せるようになると「お知らせメール」が届くサービスなど、ITでできることは何でもやっています。最近ではスマートフォンのGPS機能を使ったサービスをしています。スマートフォンで事前予約したコンテナの搬出の際に、近くにトラックが来たら、港ではコンテナを載せる準備を始めます。効率化でスムーズに荷を積むことができると評判は上々。こうした取り組みは博多港だけで、世界的にも例がありません。

ＩＴ連携も進んでいて、今は広州、深圳、青島、バンコクの４か所とつながっています。つまり青島港を出たかどうかがシステムを使ってみることができるのです。荷物の動きが分かるため、これを自社の物流システムに取り込んでいるところもあります。現在、上海、天津、厦門、台北、ホーチミンとも連携の協議をしており、今後はITをより強めていきたいと考えています。

　次はエコ。門型クレーンがコンテナターミナルで動いています。以前はディーゼルエンジンで動いていましたが、博多港は日本で初めてこれを電動化しました。アイドリングが多いため、エンジンの回転数を工夫した結果、電動化によってCO_2を削減でき、コストも下がりました。環境に優しく、事業者にも喜ばれています。これも日本一かなと思っています。ハイブリッドのストラドルキャリア（コンテナ移動のための特殊自動車）も日本で初めて導入しました。リーファー（冷蔵・冷凍）コンテナの省電力化も行い、世界で初めてIAPH（国際港湾協会）より「港湾環境賞」金賞を受賞しました。

　BCP（事業継続計画）の細かいものは、コンテナターミナルでいろいろやっています。東海、東南海、南海で三連動地震が発生すると、おそらくその地域での活動はすぐに戻らないでしょう。博多港は、東京湾、伊勢湾、大阪湾と離れていますので、一緒に被災することはないと思われます。災害に強い港にしていくのかが、これからの課題だと考えています。

物流を取り巻く課題

　アイランドシティでは２バースを国際コンテナ物流ゾーンとして使っていますが、Ｃ１、Ｃ２ターミナルは同時に複数の船が停まるなど混んでいます。供給力不足の最たる例です。そこを解決していかなければなりません。埋め立てが完全に終わってアイランドシティ全体が完成し、岸壁が整備されれば、コンテナ物流ゾーンの混雑も緩和されます。

　そういう中で、船社の意向だけを重視して営業活動をしても、なかなかうまくいきません。荷主に対して何ができるのか、博多港がITやエコ、BCP

の使用に向いている港であることをアピールしながら、営業活動をしていこうと思っています。

　1つの事例としてA社を紹介しましょう。A社は、四日市港に物流倉庫があり、そこから陸送という方法をとっています。A社が九州に店舗を展開する際、北部九州に物流倉庫を置いて博多港を利用してもらうことで、コストは2割削減できます。東京や大阪にあった物流倉庫を博多に移せば、リードタイム短縮、コスト削減の効果はさらに大きくなります。こうした事例を数多く集め、博多港を使うことで生まれる荷主のメリットを具体的にアピールしていくつもりです。

　大型コンテナ船の誘致も大事ですが、それとは一線を画して、博多港をアジア向けにどのようにPRしていくかも重要です。そこで、アジアの拠点港として、どのようにしてアジア向けに頻度を増やし、時間を短縮できるかを提案していきたいと考えています。アジアとの距離の近さを生かし、港の質を上げていかなければいけないと思っています。

博多港を訪れるクルーズ船

　カメリアラインが1990年、高速船ビートルが1991年、それぞれ博多－釜山に就航し、国際乗客数が少しずつ伸び、日韓共催ワールドカップや韓流ブームもあって、ピーク時で博多－釜山航路の乗客数は85万人に達しました。しかし、それ以降は減少気味で、特に2014年は、前年の東日本大震災、セウォル号の事件が影響して、数字はよくありませんでした。海路の乗客数はピーク時の半分ぐらいに減っているものの、LCC（格安航空会社）が福岡空港に乗り入れたことで、減ったのと同じぐらいの乗客数が空路で動いているのかなと思います。つまり海・空でかなり厳しい競争になっているのです。福岡・釜山間で人の流れが減っている感じはしません。クルーズ船は同じぐらい来ています。ただし乗船客はほぼ中国人です。

　クルーズは世界的に伸びていますが、特に中国の伸びが目立ちます。地中海やマイアミでクルーズを行っている船社がアジアに船を入れた結果、中国

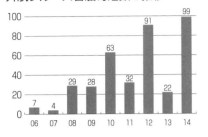

外航クルーズ客船寄港数の推移

外航クルーズ客船寄港回数ランキング

順位	2011		2012		2013		2014	
	港	寄港回数	港	寄港回数	港	寄港回数	港	寄港回数
1	石垣	42	博多	85	石垣	59	博多	99
2	那覇	37	長崎	72	那覇	41	長崎	70
3	博多	26	那覇	47	長崎	35	石垣	69

＊2013年は博多港は5位

人がクルーズ好きであることがわかりました。各社はアジアへの船を毎年1隻程度増やしています。

博多港におけるクルーズシーズンは以前は5〜10月頃でしたが、今はクルーズ船が1年を通してやってきており、2015年は1月1日から来ました。船は数が増えるとともに大型化しています。ロイヤル・カリビアン社という世界有数のクルーズ船社が2012年にアジアに配船した最も大きな船は「ボイジャー・オブ・ザ・シーズ号」でしたが、今アジアで最大なのは「クァンタム・オブ・ザ・シーズ号」で、上海を母港としています。博多港には2012年に「ボイジャー・オブ・ザ・シーズ号」が11回寄港しました。2015年は「クァンタム・オブ・ザ・シーズ号」が15回寄港する予定でしたが、MERS（中東呼吸器症候群）の拡大で韓国を避けたため、20回ぐらいに増えました。

アジアには、地中海やマイアミで使われていた船が配船されていますが、「クァンタム・オブ・ザ・シーズ号」は新船です。この一事をもってしても、中国のマーケットがいかに伸びているかが分かります。新船「クァンタム・オブ・ザ・シーズ号」は2015年6月27日、日本で初めて福岡に寄港しました。

コスタ・クルーズ社は博多港にとって最大のお客様で、年間100回近く入港しています。

また、ハイクラスな船も入港しています。フランスのポナン社の「ロストラル」は264人しか乗っていないラグジュアリーな船です。一方、ロイヤル

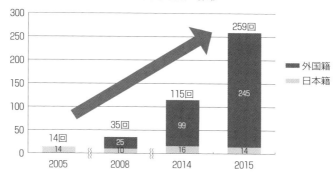

クルーズ客船寄港数の推移

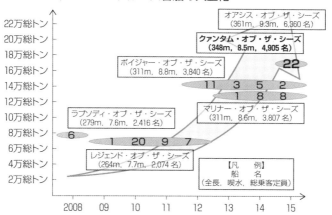

クルーズ客船の大型化

・カリビアンやコスタ・クルーズのように1泊1万円程度のケースもありますし、最近は中国船社が航行するクルーズ船も入ってきています。今まで日本人が想像していたのとは違うクルーズが、福岡では広がっているのです。

　クルーズは4〜5泊の行程が多く組まれます。上海を起点にすると、寄港先は博多、釜山、済州ぐらいです。博多は地理的にも、その旅程に入る地域になっています。2015年の中国発クルーズ船の寄港予定数は、当初200回程度でしたが、MERSの関係で240回程度に増える見込みとなりました。2014年までは、わが国で外国船社、日本船社を合わせた寄港回数が最も多かった

博多港に寄港実績のあるクルーズ客船例

にっぽん丸（日本）
22,472トン／166.65m
総乗客定員524人

飛鳥Ⅱ（日本）
50,142トン／240.96m
総乗客定員872人

ぱしふぃっく びいなす（日本）
26,594トン／183.40m
総乗客定員644人

コスタ・アトランチカ（イタリア）
85,619トン／292.56m
総乗客定員2,680人

ボイジャー・オブ・サ・シーズ（アメリカ）
137,276トン／311.12m
総乗客定員3,840人

セレブリティ・ミレニアム（アメリカ）
90,963トン／294.00m
総乗客定員2,368人

ロストラル-ボナン（フランス）
10,700トン／142.10m
総乗客定員264人

クァンタム・オブ・ザ・シーズ
（アメリカ）
168,666トン／347.10m
総乗客定員4,905人

2015年5月17日に供用を開始した中央ふ頭クルーズセンター

のは横浜で、100回を超え、10年以上1位を守っていました。しかし、2015年は博多港が1位を奪取しました。横浜港は、外国船の寄港回数は20回前後で推移しており、日本船については「飛鳥Ⅱ」の母港なので、「飛鳥Ⅱ」と「にっぽん丸」、「ぱしふぃっく びいなす」が合わせて100回ぐらい利用しています。今後、アジア・中国のクルーズ船が増えた時、博多港は回数ベースでポテンシャルがあると思っています。

　2015年5月17日から、中央ふ頭クルーズセンターの供用を開始しました。大きな港では、ターミナルの2階から直接クルーズ船に乗るケースも多く、横浜や神戸はそうなっていますが、博多港ではそうしませんでした。ただ雨天時の対応が課題で、需要があまりにも急激に増えているので、対応を検討しているところです。以前は、博多港国際ターミナルまでのバスでのピストン輸送、船内での入国手続き、この2パターンで対応していましたが、このセンターの中で入国手続きができるようになり、入国審査にかかる時間が短縮でき、セキュリティ面も向上したため、船社もCIQ関係者も喜んでいます。将来的にはここをクルーズの拠点にしたいと考えています。

　箱崎ふ頭にクルーズ船を停めると、物流と輻輳(ふくそう)します。たとえば「クァンタム・オブ・ザ・シーズ号」の乗客が全員バスに乗るには130台が必要です。これだけのバスが箱崎ふ頭に集まってくることになります。これをどうする

ある日の博多港

かは今後の課題です。

クルーズの課題と目標

　拡大する中国発着クルーズの乗客の中国人にはショッピングニーズがあります。中国発着のクルーズのほとんどはチャータークルーズで、寄港地観光も含めて、中国の旅行会社が販売しているのが大半です。利益を出すために、寄港地での観光コストを下げる傾向にあります。コストを下げられると、福岡市への経済効果が少なくなるのでは、と危惧します。また、客船が大型化して膨大な乗客が一気に来ます。しかも、寄港は一定ではありません。来る時もあれば、まったく来ない時も、2隻来る時もあるといった具合です。寄港した場合、観光バス、昼食場所をどう確保していくのかが課題です。3年ぐらい前までは市役所の横に観光バスを停め、天神で買い物をしてもらっていましたが、最近はそういったことも少なくなってきました。中国資本の免税店に連れていかれることも多くなってきて、天神の商業施設で買い物するケースが減ってきています。そこも大きな課題です。

　博多港には、2001（平成13）年にスタークルーズが入るなど、一時期クルーズブームになりました。それがSARS（重症急性呼吸器症候群）や東日本大震災、尖閣諸島問題などで、急にクルーズ船が来なくなった時期もあり

ウォータフロント地区再整備の方向性

ます。このように国際情勢に非常に影響されやすいのです。なので、今のビジネスモデルをこのまま続けていていいのか、今後この商品をどのように変えていくか、を検討しなければなりません。

　われわれが今、やらなければいけないことは、ワンランク上のクルーズの誘致です。ハイランクのクルーズを呼んで経済効果を上げることが必要です。これは、福岡市港湾局だけでなく、福岡市全体で考えなければいけない問題です。欧米のお客様は、街を散策したり、タクシーで観光地に行ったり、船を下りてからどこに行こうか考える人が多いのですが、博多でも、このタイプの商品を作っていきたいと思っています。

　もう１点。博多港発着クルーズを実施しなければいけません。2015年４月、「コスタ・ビクトリア」による台湾・石垣クルーズ６日間が実施されました。このような博多港発着のクルーズの振興に力を注いでいます。博多港

発着クルーズでは、福岡空港も近くにあるので、博多港を基地にして、あちこちに観光に出ていただくシステムづくりが必要だと思います。新幹線を利用すれば、広島や鹿児島に足を延ばすこともできます。陸の魅力を高め、お客様からお金をいただけるビジネスモデルをつくっていかないといけません。今、船社にお願いしているのは、3,000人の乗船客のうち10%でもいいので、VIPツアーを作ってもらうことです。

　今後、福岡市として力を入れるのは、ウォーターフロント地区の再整備です。天神・博多に次ぐ都心部の新拠点として整備し、国際競争力を高める必要があります。その方向性を示した大枠のガイドラインもあります。

　国際会議場が不足していますので、マリンメッセなどの施設周辺を「MICE・にぎわいゾーン」とし、これを解消していきます。また国際ターミナル周辺を「人流複合ゾーン」とし、クルーズの機能を強化します。ベイサイドプレイス近くには「集客・にぎわいゾーン」ウォーターフロント地区を8つのゾーンに分けて再整備する方向です。

　これまではアイランドシティなど新しい海域に新しい土地をつくって運営力を高めてきましたが、次の時代は再開発の時代になるのではないかと思っています。

　注：福岡市港湾局は平成28年4月より、福岡市港湾空港局に名称を変更しております。

石原洋（いしはら・ひろし）
神戸大学大学院工学研究科修了後、1994年、運輸省入省（運輸省港湾局建設課）。2002年、国土交通省港湾局計画課、2006年、外務省在エジプト日本国大使館、2009年、国土交通省港湾局国際・環境、2011年、四国運輸局交通環境部長、2013年4月から福岡市港湾局理事を務めたのち、2016年4月より国土交通省港湾局産業港湾課クルーズ振興室長。

九州・アジアの玄関口としての博多駅とその周辺のまちづくり

<small>九州旅客鉄道株式会社博多駅駅長</small>
山根久資
<small>九州旅客鉄道株式会社事業開発本部
博多まちづくり推進室室長</small>
原槇義之

博多駅の変遷

　九州の鉄道は、九州鉄道という民間会社が1889（明治22）年12月11日に開業し、博多－千歳川仮停車場間を1日3往復走ったのが始まりです。以来、時は流れ、博多駅は2014（平成26）12月11日、開業125周年を迎えました。

　初代と2代目の博多駅は現在の福岡市営地下鉄・祇園駅付近にありました。2代目の博多駅はルネッサンス調の建物で、当時は西国一と言われていたそうです。当時の駅に使われていた柱3本は、現在の博多駅「つばめの杜ひろば」に設置されています。

　3代目の博多駅は1963（昭和38）年12月1日に移転、開業しました。当時は駅周辺は田園風景が広がっていましたが、1970年ごろには都市化が進んできました。

　現在の博多駅は4代目です。2011年3月3日に開業しました。開業時は駅前広場全体が埋まるほど多くの人々が集まってくださいました。今も順調に推移しています。博多駅は2013年12月1日に移転50周年を迎えました。

1958年ごろ。初代と2代目博多駅は、現在の地下鉄祇園駅付近にあった

2代目博多駅 　　　　　　　　　　　　　　　　　3代目博多駅

1962年ごろの博多駅周辺 　　　　　　　　　　　1970年ごろの博多駅周辺

　　　　　　　　　　　　　　　　　　　　　　　4代目博多駅

九州・アジアの玄関口としての博多駅とその周辺のまちづくり

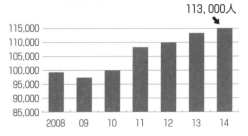
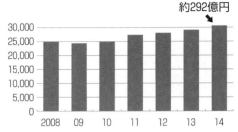

九州・アジアの玄関口としての博多駅

■ 九州新幹線開業の影響

　博多駅の1日当たりの乗車人員は2014年度で約11万3,000人。乗降人員になるとこの倍になります。乗降人員は2011年度に大きく伸びました。この年には、新博多駅ビルと九州新幹線も全線開業しました。一番心配したのは開業1年後の失速で、それだけは避けたいと努力してまいりましたが、努力の結果、その後も順調に伸びています。

　ちなみに、2011年度のJR西日本博多駅（新幹線）の乗車人員は約2万1,000人。福岡市営地下鉄・博多が約6万1,000人。福岡市営地下鉄でも、九州新幹線の全線開業後、博多駅が一番伸び、毎年増えていると聞いています。

　JR西日本の博多駅もJR九州の博多駅と同じように伸びています。JR九州、地下鉄、JR西日本の博多駅3駅とも順調に伸びており、その合計乗車人員は20万人にせまる状況で、現在も上昇の傾向にあります。

　JR九州の博多駅の取扱収入も伸びています。2014年度は約292億円でした。やはり2010年から2011年にかけて伸び、ほぼ乗車人員の伸び率と変わらない伸長ぶりです。

　大きな転機となったのは、新駅ビル開業と新幹線全線開業です。1時間強かかっていた博多－熊本間の所要時間が、九州新幹線開業で最速33分に短縮され、博多－鹿児島中央間も2時間半ぐらいかかっていたのが、最速で1時間17分と大幅に短縮しています。

主に関西と九州を直通運転している「みずほ」「さくら」に使用されているN700系(左)

九州にしかないオンリーワンのデザイン新800系「つばめ」(右)と、その普通車座席。日本の伝統の織り技術による布地や本革が使用されている。左から、革張り、布張り、ゴブラン織

　山陽・九州新幹線直通の「さくら」「みずほ」(N700系)の指定席は、グリーン席ほどのグレードがあり、ゆったり乗れると、人気となっています。また、JR九州は新800系「つばめ」を投入しました。皮張りシート、ゴブラン織シートなど、いろいろなデザインのシートがあります。乗り心地も格段に向上しました。

　博多－熊本間の乗車人員も順調に伸びています。これは、九州新幹線が着実に定着していることを示しています。

　JR博多シティの売上も伸びています。2014年度はJR博多シティ全施設の売上高が約983億円となり、全施設で過去最高売上を記録しました。

　博多駅には大屋根のイベント広場を設けましたが、これが集客に大きく貢献しています。雨天にも対応でき、たくさんの屋外イベントが開催されています。博多駅でイベントをする流行ができあがってきているようです。そのことが、鉄道や駅ビル「JR博多シティ」に良い効果を及ぼしていると思い

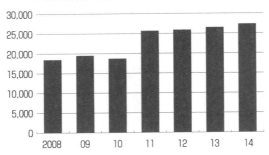

九州新幹線・博多〜熊本のお客さまの推移

ます。今後、当社は駅から少し離れた場所の開発も行っていきます。現在は九州大学キャンパス跡の六本松地区の開発を行っています。福岡市青少年科学館や九州大学法科大学院などのほか、商業施設や分譲マンションも開発する計画です。

■地域とともにつくった「ななつ星 in 九州」

2013（平成25）年10月15日にクルーズトレイン「ななつ星 in 九州」の運行を開始しました。現在、「地方創生」が言われていますが、「ななつ星 in 九州」は地域の方とともにつくった列車です。

「ななつ星 in 九州」の乗客が一番感動するのは、各地沿線の住民が列車に向かって手を振る姿です。また「ななつ星 in 九州」で提供する料理も、地元の産物を使用したものになっています。3泊4日と1泊2日の旅があり、2つとも非常に人気が高く、2015年秋冬の出発便の乗車倍率は33倍になりました。乗客は毎回厳正な抽選を行っています。

運航当初は高価な列車の旅なのでリピーターは出ないだろうと予測していました。ところが、これまでに乗車された2,125組のうち568組がリピーターで、リピート率は約27％と非常に高いのです。これは想定外でした。このことから、「ななつ星 in 九州」の旅は、顧客満足度の高いものであると言えると思います。

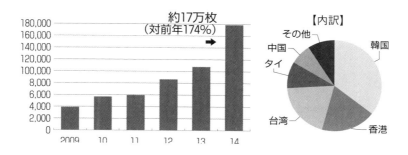

2014年度 JR九州レールパス販売実績

■ 外国人観光客向けの商品「JR九州レールパス」

　インバウンド（来日する外国人観光客）の増加も博多駅の大きな変化の1つです。外国人向けの格安商品に「JR九州レールパス」があり、熊本、湯布院、ハウステンボスなどを巡る「北部九州3日間」は8,500円です。外国人に人気の観光地である、湯布院、ハウステンボス、熊本城と阿蘇を8,500円で回ることができるわけです。「北部九州5日間」「全九州3日間」「全九州5日間」という商品もあります。それらをすべて合わせた「JR九州レールパス」の販売実績は、2014年度が約17万枚。約9万8,000枚を売り上げた前年に比べ、約170％も伸びており、現在も非常に伸びています。

　この商品を購入した人の内訳は、韓国人旅行者が約34％、香港が約19％、台湾約19％。タイ約10％です。中でもタイが大きく伸びてきています。タイにはジェットスター航空の福岡便が就航していますので、福岡空港に到着し、そこから鉄道に乗り換えて九州旅行を楽しむ人が増えているようです。2013年度に約2,700人だったタイからの旅行客は2014年度は、約1万7,000人に増えています。これらの国の後に中国（約7％）が続きます。数年前までは韓国からの旅行者が半分を占めていたのですが、ほかの国からの旅行者も増え、海外からの旅行者の総数を押し上げているのです。

　博多駅のみどりの窓口も2窓体制で「JR九州レールパス」専用の販売窓口を設けました。時間も早朝から夜遅くまで時間を延長して対応していますし、旅行客が増える旧正月などのシーズンには、窓口を随時増設しています。

博多駅 みどりの窓口（レールパスカウンター）

　湯布院は九州の観光地の中で特に人気が高いため、「ゆふいんの森」号もインバウンド需要の増加に対応しています。「ゆふいんの森」号は全席指定ですが、土日祝日は日本人客が多く、平日は外国人が70～80％を占めます。「JR九州レールパス」では必ずと言っていいほど「ゆふいんの森」号への乗車、移動が行程に組み入れられています。そのため満席の場合は、行程を全部変更しなければならなくなります。自由席を持つ「特急ゆふ」もあるのですが、やはりリゾート特急「ゆふいんの森」号が人気を集めています。そこで2015年7月18日からは一部の車両を5両編成にしました。定員は60名増え、266人になりました。

　インバウンドに人気列車の輸送力をどう対応させていくかが、今後の課題となっています。

■ JR九州の目玉商品 D&S列車

　D&S（デザイン＆ストーリーの略）は観光列車の総称で、現在「ゆふいんの森」「あそぼーい！」など9タイプの列車が走っています。デザインは水戸岡鋭治氏で、各列車にはそれぞれストーリーがあります。

　D&Sは、九州を縦断する九州新幹線に対し、横に広げていくための列車です。人気列車「指宿のたまて箱」は、指宿の竜宮城伝説を反映してデザイ

新D&S列車「或る列車」の車両とその車内

ンされました。列車の外観が中央から白と黒に分かれていて、乗車の際には玉手箱の煙が出る仕掛けになっています。

　D&S列車は、ローカル線を活性化する目的で投入したのですが、非常に効果をあげており、JR九州の目玉商品に育っています。

　D&Sの10番目として、「或る列車」の運転をを2015年8月8日から久大本線の大分‒日田間で開始しました。この列車の特徴は、ほかの列車のように

決まった区間を走るのではなく、季節によって運行区間が変わることです。8月から10月は久大本線の大分－日田間、11月以降は長崎県の大村線で長崎－佐世保間を走ります。「The World's 50 Best Restaurants」世界14位、過去4度、アジアNo.1を受賞した成澤由浩氏がプロデュースする、スイーツのコースを提供するスイーツトレインです。

　JR九州の前身である九州鉄道は、豪華客車をアメリカに発注。しかし、九州鉄道が国有化されていたため、幻の列車となったといういきさつがあります。その幻の列車をモチーフに、鉄道に造詣が深い原信太郎氏が模型をつくられました。それをもとにデザインしたのがスイーツトレイン「或る列車」です。料金は2万円からですが、すでに「2万円で乗れるななつ星」という異名も付けられるほどです。

（博多駅駅長・山根久資）

注：すべて公園当時のものです。

JR博多駅周辺のまちづくり

■博多駅周辺におけるエリアマネジメントの始まり

　JR博多駅周辺のまちづくりは、1957（昭和32）年にスタートし、博多駅地区土地区画整理事業によって生まれました。福岡市の中心部にふさわしい市街地の形成を目指したこの事業は、1978年まで続けられました。1975年に山陽新幹線が博多駅まで乗り入れましたが、この時点で現在の博多駅周辺の町の原型はほぼ完成したのです。以来、40年以上が経過しています。

　そして今、博多駅の高架移転から40年以上が経過し、周辺の多くのビルが更新時期を迎え、次のまちづくりの段階に来ています。特に、九州新幹線の全線開業を契機に、博多のまちを盛り上げ、より魅力的で付加価値の高いまちにしていく必要があるのではないかという機運が高まり、それがJR博多シティ（新博多駅ビル）の開業につながりました。

　まちの魅力と価値を高めるには、まちの競争力を高めなければなりません。美しい景観、にぎわいの創出、災害に強い、犯罪が少ないなど、いろいろな要素がありますが、個々の開発を超えて博多という「エリア」をどう管理・

博多駅周辺におけるまちづくり

「つくる」段階　1957年〜1978年	
博多駅地区土地区画整理事業 ・市の中心に相応しい市街地形成 ・博多駅の高架移転（1963年）	▶	1975年の山陽新幹線の博多延伸もあり、博多駅周辺はビルやホテルが林立する、九州・西日本におけるビジネス拠点へと成長

次のまちづくりの段階へ　2008年〜	
博多駅の高架移転から40年以上が経過 ・博多駅を含めた都心部のビルの更新時期 ・九州新幹線全線開業	▶	博多のまちの魅力や価値を高めるチャンス
まちの魅力と価値の向上 都心部の国際競争力を高める ・良質な景観のまち ・新たなにぎわいが生み出されるまち ・災害に強いまち ・犯罪の少ないまち　など	▶	個々の開発を超えて、博多という「エリア」をどう管理・運営するか？ ▼ どう「育てる」のか？

運営するか、すなわち、どう「育てる」のかということまで考える必要があるのではないかと、2008年ぐらいから議論され始めました。

　例えば、にぎわいの創出。博多には、博多祇園山笠やどんたくに代表されるように、地域の伝統文化が根強く残っています。これは大きな特色で、観光面では大きな競争力（吸引力）の１つになります。

　美しいまち並みの形成はもちろん、資産価値の維持・保全も大切です。犯罪が多いまちは人が集まらないので、安全・安心な地域づくりも大きな柱です。例えば、地震が発生すると、防災の取り組みができていないエリアからは逃げたくなります。ところが、防災の取り組みをエリアで実施しているまちでは「逃げ出すまちから逃げ込める街へ」を掲げているところもあります。つまり、災害に強く、安心して駆け込めるまちを色濃く出して、価値を高め、競争力を高めているのです。こういう考え方も含め、エリアをどう運営し管理していくのかということが、まちづくりの中で非常に重要だと言われるようになってきました。

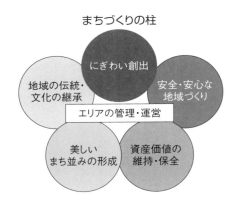

■「博多まちづくり推進協議会」発足の背景

　まちづくりの関係者は、ビルをつくる段階では地権者、開発事業者、ビルのテナント、行政で完結してしまいがちです。ところが、エリアを育てるとなると、地域住民、商店街、周辺事業者なども関係してきます。行政も、認可をする市だけでなく、警察などにも広がっていきます。まちを「つくる」と「育てる」の両方を考えていくと、ステークホルダーはどんどん増えていきますので、そうした関係者・機関をとりまとめ、調整して、まちづくりを進める組織が必要になってきます。

　そこで2003年に地元企業と福岡市からなる「博多駅まちづくり研究会」が発足。3年後の2006年には「新・福岡都心構想」が出され、博多のまちの価値を維持・向上させ、まちを「育てる」組織、市民・事業者・地権者・行政と一体となって、まちづくりに取り組む組織が必要ではないかということで、2008年4月に、住民、企業、行政が共働したエリアマネジメント団体「博多まちづくり推進協議会」が設立されました。

　また、まちづくりには住民の力が不可欠です。福岡市内には校区ごとに自治協議会が組織されており、そうした人々の協力も得て組織を立ち上げたのです。

　現在、博多まちづくり推進協議会は3つの部会、3つのプロジェクトで運営されています。都心部の魅力向上や資産価値向上を担う開発部会の部会長

社会実験「はかたんウォーク」の実施（2008年10月）
①博多駅地区と天神地区を結ぶ「にぎわい回遊軸」の形成
②安心・快適に通行できる歩行者空間の確保

歩行者と自転車の分離　　　　通り名付け活動　　　　　ストリートバナー

「オープンカフェ」、「レンタサイクル」、「自転車タクシー」、「回遊パフォーマー」、
「おしチャリ啓発ゾーン」、「ハロウィンパレード」など13の取り組みを実施

は福岡地所、歩行者や自転車、自動車などの移動空間の創出などを担う交通部会の部会長は西日本シティ銀行、都市のにぎわい創出などを担う事業部会の部会長はJR九州が、それぞれ担っています。プロジェクトとしては、はかた駅前通りプロジェクト、はかた学びプロジェクト、どんたくプロジェクトがあり、はかた学びプロジェクトではリーダーを麻生塾が担っています。

博多まちづくり推進協議会の活動エリアは、博多駅を中心に東西約1.5キロ、南北約1キロのエリアですが、活動内容によって対象エリアを検討しています。会員数109で発足し、2016年4月時点で162会員になりました。主に博多駅周辺の企業、自治協議会、県、市などで構成されています。

スタート段階では、様々な社会実験的を繰り返してきました。その目的は大きく分けて、①博多駅と天神地区を結ぶ「にぎわい回遊軸」の形成、②安心・快適に通行できる歩行者空間の確保、この2つです。この目的に合わせ、例えば、歩行者と自転車を分離するため、自動車レーン1車線分に自転車レーンを設け、歩道を自転車が走らないようにする実験、通り名付け活動、ストリートバナーなど、13の実験を行ってきました。

■ 駅からまちへ、まちから駅へ

様々な立場の人々が参加するため、統一の目標を設定しました。「まちの

社会実験からまちのにぎわいづくりへ

寺社コンサート

オープンカフェ

ルールづくり」です。2009年12月に「博多まちづくりガイドライン」を策定し、まちの将来像と取り組みの方針や方策を決めたのです。その方針は「駅からまちへ、まちから駅へ、歩いて楽しいまち」をつくる、ということです。あえて、駅からまちへ、どうやって人を送り出すか。また、まちから駅にどうやって来てもらうか。この双方向で考え、約80ページにまとめました（2014年1月に一度改定）。

　ガイドラインでは、例えば、「にぎわい・回遊編」において、「歩道幅員が広い通りでは広場やアトリウムの空間を確保し、イベントやオープンカフェなどに利用してにぎわいを創出する」と示しています。そうすることで地域、まちとしての資産価値を高めることになります。

　「環境・緑化編」では、「地域の意見を反映した公園づくりに向け、ワークショップ形式等での計画づくりを進める」と示しています。実際に、明治公園については、地域と協議会が半年から1年弱かけて意見をまとめ、福岡市に提案。その結果、公園整備が実現しつつあります。現在、3分の2が完成し、オープンしています。公園下には駐輪場も設けました。

　「にぎわりづくりの創出」では、寺社コンサートの開催、オープンカフェ、大道芸フェスティバル、博多灯明ウォッチングなどを開催しています。また、まちを回遊してもらえるように「博多まち歩きマップ」を作りました。

　九州新幹線が全線開業した2011年には、キャナルシティ・イーストビルもオープンし、九州新幹線の開業前後の交通量を比較すると、博多駅から放射

博多口駅前広場の活用

クリスマスマーケット in 光の街・博多

博多朝カフェ

状に歩行者通行量が増えていました。特にキャナルシティに向かう「はかた駅前通り」は人の流れが増え、回遊性が高まっています。これはキャナルシティ・イーストの開業効果も大きいと思います。

　もう1点は、博多駅前広場を活用したにぎわいの創出もあります。駅前広場に大屋根を持った広場ができ、ここで多くのイベントが開催され、にぎわいを創出しています。有名人やタレントなどが訪れると、広場は7,000人ぐらいの人であふれかえります。SNSなどでアイドルグループの出演が分かると、鹿児島から新幹線で駆けつける人もたくさんいます。そういった人たちが博多駅を利用します。それほどインパクトの強いイベントを開催できるようになったということです。

　協議会でも、これまでにないにぎわい創出をしようと、2014年9月に「朝カフェ」を実施したところ大盛況で、午前7時のオープンからわずか30分後には、限定200食を完売したほどでした。実際は10時までオープンの告知をしていたため、来店客に断りを言うことになり、お客さまにご迷惑をおかけしましたが、それぐらい惹きつける力のある広場であると思います。また、この朝カフェでは、博多駅周辺でおいしいモーニングを出す小規模な喫茶店を紹介する「博多朝食ガイド」を制作し、約5,000部配布しました。2015年も9月に開催し、ガイドの制作、配布を実施しました。

　はかた駅前通りでは、九州新幹線全線開業後にどんたくを実施しています。メイン会場のどんたく広場は午後からのパレードなので、駅前は午前中に設

はかた駅前通りの活用
はかた駅前"どんたく"ストリート

2015年実績
5月3日　10：00〜11：30
5月4日　10：00〜13：00
参加団体　32団体　1,800名
観客動員　約18,200人

冬のファンタジー・はかた

ＪＲ博多シティ　　　　　博多駅周辺街路樹　　　　キャナルシティ博多

ハカタリノベーションカフェ

実施時期
2015年2月7日〜
　　　2月11日
来場者数
1,000人以上

定しました。これによって福岡市内で午前、午後と一日を通してどんたくを楽しめる環境をつくったわけです。博多駅を出たら目の前でどんたくが繰り広げられている光景は、都市の祭の魅力として大きいと思います。どんたく広場では前進のみのパレードしかできないのですが、はかた駅前通りではマーチングや定点でのパフォーマンスなどを中心に行うなど差別化を図っています。2015年は32団体、1,800人が参加し、観客動員数は約1万8,200人でし

た。

　冬期イルミネーションでは、はかた駅前通り、大博通り、住吉通りなどの街路樹をLEDで装飾しています。JR博多シティやキャナルシティと連携することで、「白」を基調とした100万球を超えるLEDの光で夜の博多のまちが幻想的に包まれます。

　駅前広場や通りから、にぎわいをさらに広げていくために、2015年2月7日から11日までの5日間、「ハカタリノベーションカフェ」をオープンしました。一般公募で集まった約15人の参加者が、コンビニの跡地をDIYでリノベーションし、カフェ、雑貨店をオープン。パネル展示やセミナーなども開催しました。来場者数は1,000人以上。セミナーを開いている後ろにはカフェがあって、そこで普通にお客さまがコーヒーを飲んでいるといった他にない空間となりました。セミナー参加者の情報交換の場としても活用されていたようです。カフェではドーナツとコーヒーを提供しましたが、ドーナツだけで1日10万円ほどを売り上げました。ちょっとした工夫で、まちの中のにぎわいを広げることができるということを実践してみせることになりました。また、この企画が好評だったことから、2015年10月1日から1カ月間、2回目のリノベーションカフェを実施いたしました。いろいろな店舗に、このカフェへの出店にチャレンジしてもらい、博多駅前の楽しさやおもしろさを感じてもらえる事業にしていきたいと考えています。

■歴史・文化の活用

　博多には歴史的に有名な寺社群があります。日本国内に2,129社ある住吉神社の一番最初と言われている博多区の筑前国一之宮住吉神社、博多の総鎮守・櫛田神社、日本最初の禅寺である聖福寺、うどん、そば、饅頭発祥の地とされる承天寺などは、歴史・文化を訪ねる観光の拠点となりつつあります。

　こうしたゾーンが大博通りの両脇にあります。しかし、まだまだ知られていないので、歴史・文化ゾーンの回遊ルートもしっかりつくっていく必要があるのではないかと、ガイドラインには記しています。

　「博多灯明ウォッチング」は博多の寺社エリアや博多部といわれるエリア

歴史・文化の活用

住吉神社能楽殿でヨガ！

まち歩きマップと
博多秋博賞品缶バッジ

博多灯明ウォッチング

円覚寺で南方流茶道を学ぶ

博多秋博スタンプラリー 2014年実績
実施時期：10月1日～11月30日
参加者数：4,199名

で開かれています。毎年約7万人の観光客が訪れていますが、会場が博多駅から少々遠く、道順もわかりにくいため、博多駅からの回遊性を高めようと、博多まちづくり推進協議会が博多駅から最寄りの博多千年門の灯明イベント会場までの歩道に800個の灯明を並べています。各会場では、灯明で地上絵を描き出しています。

ほかにも気軽に寺社エリアを回遊する仕組みとして、スタンプラリーも実施しています。「まち歩きマップ」を15万部発行しており、毎年4,000～5,000人が参加しています。

「はかた大学」は、学びを通じて博多のまちに新たなコミュニティが生まれることを目指してできた大学です。単純に学ぶだけでは面白くないので、博多らしい様々な場所で実施しています。一番人気は住吉神社の能楽殿で早朝に行われるヨガ。能楽殿の歴史を学び、ヨガをするという趣向です。そのほかにも、円覚寺で南方流茶道を学ぶ講座も実施しています。

気軽に参加でき、ビジネスマンでもまちづくりに関われるような企画をし

安全・安心なまちづくり

地域防災ワークショップ

スポーツGOMI拾い

ていきたいと思っています。寺社で開くコンサートも、200人ぐらいしか入れませんが、いろいろなアーティストを招いて行っています。そうすることで若い世代にも、エリアの面白さを感じてもらいたいのです。

■ 安全・安心なまちを目指して

　安全・安心なまちづくりでは、地道な活動を行っています。博多警察署とともに防犯講習会を年2回実施。落書き消しの活動も行っています。東日本大震災を機に、地域防災ワークショップ（地震編、水害編）も実施しています。ワークショップは、地域のなかで何ができるのか、エリアで働く者、エリアに住んでいる者として、どのようなことができるのかを考えようと開いています。自分でできる自助、お互いに助け合う共助、行政にお願いする公助についても話し合いをしています。ワークショップでは、公助の話になりがちですが、必ず、自助・共助・公助という3つの視点で考えるようにしています。地域住民と企業で何ができるのかを話し合うことで、地域や福岡市の防災計画にどのように反映していくかを考えています。

　環境向上活動として、クリーンデイや植栽管理事業なども行っています。2014年6月には、ただゴミを拾うだけではなく、全国的に広がりをみせている「スポーツGOMI拾い」をしました。1時間にどれだけのゴミを拾うことができるかを競うもので、スポーツやゲーム感覚を持ち込むことで、若い人にも楽しみながらまちの景観づくりに貢献してもらえます。1時間で225

博多駅中央街南西街区

ビル完成イメージ
上がKITTE博多
右がJR JP博多ビル

キロのゴミを回収し、参加者の皆さまにはどれだけ多くのゴミが捨てられているか、分かってもらう機会になりました。

これからの博多駅周辺のまちづくり

■博多駅中央街南西街区

現在、博多駅中央街南西街区の開発が進んでいます。2016年4月には、JR博多シティの隣、博多郵便局一帯の土地に、博多マルイが入る「KITTE博多」と、日本郵便とJR九州が共同で開発しているオフィスビル「JR JP博多ビル」が完成しました。これにより、2階部分はJR博多シティ、福岡交通センターまでがすべてつながり、回遊性が高まりました。

地下鉄七隈線の博多駅延伸は強いインパクトを持っています。開業は2020（平成32）年度を予定しています。天神南からキャナルシティ付近を通り博多駅につながるルートで、空港線よりも深いところを通り、乗換もスムーズにできるようになります。博多駅まで直接乗り入れる効果は大きいと考えています。

■はかた駅前通り

博多まちづくり推進協議会の大きな課題として、博多駅周辺、特に「はか

はかた駅前通り

通りの現状

通りで実施した
道路占用事業の例

た駅前通り」へのにぎわいの広がりがあげられます。博多駅前からキャナルシティまでバスを利用する行く人が多いのが現状です。バスは住吉通りを回って行きます。キャナルシティまでは、はかた駅前通りを通って直線距離で500メートルぐらいしかありません。バスに乗るより徒歩の方が速いはずですが、通りの両脇に商業系の店舗が少なく、歩いて楽しいと感じてもらえないようです。歩道自体も幅員が5メートルありますが、歩道には幅1.5メートルの植栽帯と、その上には植栽されたケヤキが大きく育ち、歩行者空間が狭められています。歩行者は九州新幹線全線開業後3倍近く増えているので、歩行者空間がより狭く感じられるのです。そこに自転車が走り、交差点付近では人が滞留するなど、にぎわい創出や安全上の課題になっているのです。

　博多まちづくり推進協議会は、地域の皆さまとともに、駅前通りをどのように変えたいかを半年にわたって議論し、そこで生まれた通りの将来像を2014年10月に福岡市長に提案しました。キャナルシティとJR博多シティを結ぶ一大にぎわいモールにしたいという目標です。

　提案にあたっては、まちづくりの方向性をしっかり決めて、地域の皆さまとそれを共有し、その実現のために協力していくことが重要だと考えました。まず、行政にしかできない施策と地域で取り組む施策を分けました。地域での施策は、オープンカフェの開催やモラルマナーなどの取り組みをすることで、駅前通りににぎわい施設が広がるような仕掛けをしていくというもので

す。2015年2月と10月に開催した「ハカタリノベーションカフェ」もその一環です。そういった様々な事業を展開することで、まちの魅力をアピールしようというねらいです。

　一方で、歩道が狭いため、仕掛けられるレベルに限度があるのも事実です。車道を1車線減らして、自転車レーンと歩道の拡幅にあてる提案もしました。自転車レーンを確保するために路上に設置してあったパーキングメーターは全廃するなど、大胆な提案をしています。そういう提案ができるのは、企業が単独で行っていることではなく、地域の方々とともに取り組んでいるからです。これが実現できれば、約7メートルの広い歩行者空間が確保でき、そこでいろいろなことが仕掛けられるはずです。できれば地下鉄七隈線の開業よりも早く実現したいと思っています。

　また、はかた駅前通りでの国家戦略特区道路占有事業についても触れたいと思います。

　駅前通りでの道路占用事業として2015年11月に「ハカタストリートマーケット」を開催しました。歩道上に「コンテナ」を設置してコーヒーやドーナツなどの販売を行ったほか、農産物のマルシェを実施し、外国人や観光客の皆さまに多くご利用いただき、歩道を使った新たなにぎわいを創出できたと思います。このような道路空間の活用は九州内では事例が少ないのですが、全国的には増えてきていますし、博多でも広げていければと考えています。

■ 博多駅筑紫口

　もうひとつの課題は、アジアの玄関口に相応しい安全・安心な博多駅筑紫口を目指すことです。博多口では、いろんなイベントが毎日のように開催され、にぎわっています。一方、筑紫口は貸切バスもたくさんありますし、歩道上にサイクルポストがあり、駅前の道路も非常に混雑しています。しかも、歩行者と自動車の交錯もかなりみられ、「歩きにくい」という声も聞こえます。博多口に比べて空間が非常に狭いので、たくさんの要望をクリアすることは難しいですが、なんとか解決していきたいと思っています。

博多駅筑紫口の課題

歩道上のサイクルポスト

観光バス利用者の滞留と混雑

自動車と歩行者の交錯

■エリアマネジメントの課題

　現在、博多まちづくり推進協議会のようなエリアマネジメント団体は全国各地にたくさんできてきています。そうした団体の強みは、地域住民が参加しているので公共性が高く、行政の支援も受けやすいことです。162会員がいるので、多様なネットワークを活用していろいろな施策ができ、地域の代表として行政と話ができます。

　一方、弱味は、財源が不安定であること、担い手に偏りがあること、公益性は高いですが法的権限は一切ないことです。特に博多まちづくり推進協議会は法人ではないので、契約行為自体にも制限があります。法人化しているところもあるようですが、エリアマネジメント専用の法人があるわけではないので、どのような法人が望ましいのか、各団体とも苦慮しています。税制等においてまちづくり団体に対する支援などもないため、そのような制度設計も必要だと思います。

　こうした課題を抱えながらですが、歩いて楽しいまちづくりを目指して活動しています。

（事業開発本部博多まちづくり推進室室長・原槙義之）

山根久資（やまね・ひさし）
1991年に九州旅客鉄道株式会社に入社。営業部企画課長、総務部人事課長などを歴任し、2013年に博多駅長に就任、2016年4月より広報部長。2015年には「ななつ星 in 九州」の出発式に携わったほか、博多駅を中心とした様々なイベントにも尽力。

原槇義之（はらまき・よしゆき）
1998年に九州旅客鉄道株式会社に入社。法務、人事などを担当し、2013年に博多まちづくり推進室長に就任、博多まちづくり推進協議会の事務局長も兼務し、「博多まちづくりガイドライン2014」の策定などを通じて「住んでよし、働いてよし、訪れてよし」のまちづくりに尽力。2016年4月から久留米駅長。

アジアのビジネス拠点を目指す
天神のまちづくり

西日本鉄道株式会社取締役専務執行役員
天神明治通り街づくり協議会会長

高崎繁行

天神の成り立ち

■天神の名前の由来

　「天神」という名前の由来はご存じだと思いますが、「天神様」菅原道真公が大宰府政庁に流されたのは紀元901（延喜元）年といわれています。道真公が博多に着いた時、やつれたわが身を嘆き悲しんだことにちなんで建立されたのが水鏡天神（容見天神）で、もとは薬院にありました。それを江戸時代初期の1612（慶長17）年、黒田長政が福岡城を築城する際、城の鬼門となる北東の角、現在の水鏡天満宮がある場所に遷座したことで天神町（てんじんのちょう）と呼ばれ、その後の町名変更で天神となったのです。

　天神様の鎮座するまち「天神」は、黒田家の家臣たちが住む大名地区に隣接する城下町でした。しかし明治維新で武家は没落し、人が流出して行きました。町がすたれ「スラム街」のようだったとの記録もありますし、福岡城のお濠や肥前堀の一帯でレンコン栽培をしているだけの場末感のある時代もあったようです。

　では、いつから天神の発展は始まったのでしょうか。

■初期の街形成

　天神発展のきっかけの１つになったのが1910（明治43）年に開催された博覧会「第13回九州沖縄八県連合共進会」です。

　福岡城の外堀で、福岡市役所やソラリアプラザ、岩田屋本館などがすっぽり入る肥前堀を埋め立て、その広大な敷地を会場にして博覧会は開催されました。その開催に合わせ、東西の主要幹線である明治通りを走る路面電車「貫線」が完成し、翌年には主要幹線の渡辺通りを南北に走る「循環線」ができました。両線が交わるのが天神で、交通インフラの整備と博覧会場スペースが天神発展のポテンシャル誕生につながったのではないかと思います。

　路面電車の開業後、福岡県庁が今のアクロス福岡の場所に建設され、1917（大正６）年には東邦電力ビルが今の天神ビルの場所に完成しました。

初期の街形成

	交通アクセス	商業・業務施設	その他
ポテンシャルの誕生	1911 天神町交差点 1924 九州鉄道 　　　（天神－久留米開業）	県庁、市役所などの官庁街 1924 九鉄マーケット 1936 岩田屋 1946 新天町商店街 1947 因幡町商店街 1949 天神市場	人口30万人 1948 都心連盟 　　　（後に「都心界」と改名）
ビル建設ブーム	1961 西鉄福岡駅高架化 　　　西鉄バスセンター 　　　開設（渡辺通拡幅）	1952 東京海上ビル（699坪） 1953 三井ビル（718坪） 1954 協和ビル（1,659坪） 　　　西日本ビル（2,0112坪） 　　　福岡同和ビル（1,691坪） 　　　渡辺ビル（1,355坪） 1955 朝日開館（2,346坪） 1958 証券ビル（2,242坪） 1960 福岡富士ビル（3,879坪） 　　　天神ビル（10,000坪） 1961 福岡ビル（12,843坪） 　　　福岡名店街 1967 西鉄グランドホテル	1955 天神発展会 1957 都心界が天神発展会に 　　　加入

西鉄の前身・九州鉄道が開業した1924（大正13）年の福岡駅
（提供：西日本鉄道）

1936（昭和11）年の福岡駅
昭和7年完成の福岡駅は、一つ屋根で2線のホームを被う駅舎。代々木駅、梅田駅に次いで日本で3番目（提供：西日本鉄道）

アジアのビジネス拠点を目指す天神のまちづくり　　127

西鉄の前身・九州鉄道（1927〔昭和2〕年ごろ）
天神から久留米に至る急行電車が開通（1939年に久留米－大牟田延伸完了）。写真中央上部に見える白いビルが東邦電力ビルで、その手前が福岡駅（提供：西日本鉄道）

　東邦電力は九電の前身でもあり西鉄の前身でもあります。もとは九州電燈鉄道と言っていましたが、合併を繰り返して東邦電力となりました。1923年には福岡市庁舎が現在の場所に移転され、次第に官庁街としての姿を整えていきました。

　1924年には西鉄天神大牟田線が天神－久留米間を走り始めました。当時の写真を見ると、天神には住宅が結構あり、北側には海岸線が迫っています。その後「電力王」と呼ばれた東邦電力社長・松永安左エ門氏の発案で、天神に百貨店を誘致しようということになりました。駅に直結したターミナルデパートの成功事例を阪急電鉄の小林一三氏から学び、西鉄福岡駅を南に移してできた土地に当時の商都、博多部で営業していた岩田屋を誘致したのです。この時にできたのが冷暖房完備でエレベーター・エスカレーター付き、当時西日本一と言われた白亜のビル「岩田屋本館」（1936年）です。商業都市ではなかった天神に移転することで、岩田屋の経営を不安視する向きもありま

1937（昭和12）年の天神の様子
中央の白いビルが岩田屋。手前に見える福岡駅を南に移転
して用地を確保し、ターミナルデパートとして1936年に開
店した。その奥が東邦電力ビル（提供：岩田屋三越）

したが、蓋を開けてみると人口30万の福岡市で開店当日は10万人を超す賑わいになりました。ここから本格的な天神の発展が始まりました。

■ 戦後の天神

第二次世界大戦後、天神ではビルの建設ラッシュが始まりました。1950（昭和25）年から1960年にかけて明治通り沿いに10棟程のオフィスビルが完成し、今の天神の形ができあがっていったのです。

1961年には福岡駅が高架化されました。それまで渡辺通りの幅員は18メートルしかありませんでしたが、「戦災復興土地区画整理事業」と「都市計画街路事業」で50メートルに広がりました。この時、西鉄は当時の事業費で14億円の巨費を投じ、線路を西に60メートル移動し、高架にしました。そして高架化して生まれた1階部分にバスセンターを設け、小倉、飯塚、田川、行橋などへの中距離路線バス網を拡充すると同時に、バスと鉄道の結節を強

1961(昭和36年)、福岡駅の高架化
上は高架前の1955年、下は高架後の1961年(提供：西日本鉄道)

化しました。

　駅の高架化と同時期に福岡ビルは完成しました。もともと現在の福岡ビルの場所には郵便局があり、現在の郵便局の位置に建設を予定していた福岡銀行との二者間で場所を交換する話が進んでいたのです。しかし、天神のにぎわいを創出するため、現在の福岡銀店本店の位置にあり、火災で焼失した天神市場の再開発を考えていた西鉄も加わって三角トレードが行われ、連鎖的に開発が行われました。この「連鎖型開発」は現在も通用する手法だと思います。

　この頃にはエリアマネジメント組織「We Love 天神協議会（WLT）」の前身のとなる「天神発展会」が発足しています（1955年）。

3度の流通戦争による商業集積

	交通アクセス		商業・業務施設		その他
第1次流通戦争	1973 1975	高速バス運行開始 （天神‐熊本） 新幹線（岡山‐博多） 九州縦貫道（古賀‐鳥栖）	1971 1973 1975 1976	ダイエー マツヤレディス 博多大丸（移転） 天神コア 天神地下街 岩田屋新館 ビブレ	人口100万人 商業売り場面積 10万㎡→20万㎡
第2次流通戦争	1981 1986 1987 ～1990	地下鉄1号線開通 地下鉄2号線開通 都市高速（天神ランプ） 高速バスネットワーク完成 （九州主要都市）	1989	ソラリアプラザ イムズ	近隣県に商圏拡大
第3次流通戦争	1997 1999 2000 2001	福岡駅の再開発 （新福岡駅・新バスセンター） 都市高速と太宰府IC連結 100円循環バス 1000円高速バス 都市高速・西九州道連結	1995 1996 1997 1999	アクロス福岡 キャナルシティ 岩田屋Z‐サイド 大丸エルガーラ 福岡三越 ソラリアステージ 博多リバレイン	人口130万人 商業売り場面積30万㎡ 九州・山口に商圏拡大

■ 3度の「流通戦争」

では、このあと商業集積はどのように進んだのでしょうか。最近では第4次とか第5次とも言われていますが、基本的には3度の「流通戦争」と言われた時に大きく商業集積が進みました。

第1次流通戦争は1970年代中盤で、1973年に高速バスの運行が開始され、1975年には新幹線が博多まで乗り入れ、同年に高速の九州縦貫道が開通しています。ダイエー（現ノース天神、イオン）やマツヤレディス（現ミーナ天神）、博多大丸、天神コア、天神地下街などが一気にでき、売り場面積は10万平方メートルから20万平方メートルに拡大しました。この時、福岡市は100万都市となっています。

第2次流通戦争は1980年代後半です。地下鉄が1981年に開業し、1987年には都市高速が天神まで開通、九州の主要都市と天神を結ぶ高速バスネットワークもこのころまでにほぼ出来上がりました。ソラリアプラザやイムズがオープンしたこともあって、商圏は近隣県にまで拡大し、電車・高速バスに

2000年以降の商業施設

交通アクセス	商業・業務施設	その他
2005　地下鉄１号線開通 （七隈線）	2004　BiVi 福岡 2005　天神地下街延伸 2006　VIORO 2007　ロフト 2010　パルコ 2014　パルコ２ 2015　ソラリアプラザ 　　　（リニューアル）	2006　WLT 協議会発足 2008　MDC 設立 2011　FDC 設立 2014　国家戦略特区 人口150万人

乗って福岡に買い物などに来る「つばめ族」「かもめ族」「フェニックス族」が現れました。

　第３次流通戦争は1990年代後半です。1999年、都市高速が九州縦貫道と太宰府インターで連結、2001年には西九州自動車道とも連結しました。こうした交通アクセスの改善と同時に、キャナルシティ、岩田屋Ｚサイド、大丸エルガーラ、福岡三越、ソラリアステージなど、これまでで最も大きな商業集積が起きたのです。売り場面積は30万平方メートルになり、商圏は九州全域に拡大しました。福岡三越はオープン時に18万人を集め、市の人口は130万人に増えていました。

　西鉄は1986年から1999年までの間、総事業費1,200億円を投じて福岡駅の再開発を行いました。福岡駅は南に80メートル移動し駅スペースを２倍に広げるとともに、曲線だったホームを直線化し安全性の向上を図りました。バスセンターは１階から３階に上げ、１階部分には東西５本、南北１本の歩行者通路、３つの広場空間を設け、まちの回遊性の向上に努めました。営業しながらの工事で全国屈指の難工事といわれましたが、お蔭様で大きな事故もなく、また天神の集客力を落とすことなく再開発事業を完成することができました。

　2000年以降も地下鉄七隈線の開業や地下街延伸などが続きましたが、振り返ると、交通インフラの発達によってまちのポテンシャルやキャパシティは高まり、そこに都市開発が行われ、まちの魅力が形成された結果、市の人口は150万人に増大、商圏も拡大し、現在の天神の発展につながったのだと

思います。

　2000年以降も地下鉄七隈線の開業や地下街の延伸などが続きましたが、大型の開発は行われず、どのようにして街の質を高めていくかというソフトマネジメントの時代になりました。

天神のエリアマネジメント

■ We Love 天神協議会（WLT）の設立

　自分たちのまちは自分たちの手で運営しようと、2006（平成18）年にエリアマネジメント組織「We Love 天神協議会（WLT）」が設立されました。東京都内の組織に次いで日本で2番目のエリアマネジメント組織で、その時に前述の「天神発展会」を発展的に解消しWLTに統合しました。現在、天神エリアの113会員で構成されています。

　今後目指すのはDID（ダウンタウン・インプルーブメント・ディスクリプト）です。BID（ビジネス・インプルーブメント・ディスクリプト）とも言われますが、ニューヨークやロンドンで活動している自治運営組織で、財源を持ちまちの価値を上げる取り組みを行っています。行政もまちの運営を任せていて、ニューヨークだけで67のDIDがあると言われています。

　このような組織は「新しい公共の担い手」の1つとして位置づけられると思います。アメリカのDIDは必要最小限の公共サービスに加えて、自分のまちに合った独自のサービスを自らで行っていくのが目的です。一方日本では手厚い公共サービスが行われていますが、財源の確保が難しく、これが一番の課題です。アメリカでは行政が土地所有者から強制的に固定資産税などを賦課徴収し、それをDIDの財源としています。今の日本ではそこまではできません。大阪では行政がエリアの地権者から分担金を徴収し、エリアマネジメント組織に分配する「大阪版BID」の試みが始まっていますが、このような取り組みが普及、発展していく必要があると思います。

　WLTでは「歩いて楽しいまち」「心地よく快適に過ごせるまち」「持続的に発展するまち」の3つを基本的な目標に掲げています。中でも私たちは

春:ファッションウイーク福岡

夏:こどもまるごとワンダーランド in 天神

秋:ミュージックシティ天神

冬:天神のクリスマスに行こう

「きらめき通り」歩行者天国

「歩いて楽しいまち」を一番に「スマートよりもセクシーなまち」を創りたいと思っています。「セクシー」という言葉は刺激がある、チャンスがある、魅力がある、という意味で、海外では「ビューティフル」に近い最上級の褒め言葉です。

活動内容は共同販促やイベント開催などの集客向上活動や渋滞緩和、防犯、美化などの都市問題への対応のほか、どのようなまちにしていくか、今後のまちづくりの基本理念を示した「ガイドライン」を策定し、運用しています。

イベントは、春はファッション、夏は子ども参加型、秋は音楽、冬はクリスマスと、四季それぞれに特徴を持った、柱になるようなイベントを実施しています。また、都市問題への対応の取り組みの一つとして、天神の中心地の「きらめき通り」を歩行者天国化し、天神周辺に設けた「フリンジ」駐車場から無料シャトルバスを走らせる「パークアンドライド」による渋滞緩和策などの大がかりな社会実験を産・官・学で連携して実施しました。

今後の取り組み

■取り組みの全体像

今後、人口減少や少子高齢化、観光客・インバウンドの拡大、都心回帰、ライフスタイルの変化、そして成長エンジンとして都心への期待などの様々な環境変化が考えられます。こうした変化から生まれるニーズに応えられるような「ゆっくり快適に過ごせるアメニティ空間」「ワクワク、ドキドキするエンターテイメント空間」「イノベーションが生まれるクリエイティブ空間」を提供し、「新しい都心」を創造していきたいと考えています。

そのためには様々な取り組みをミックスして進めていかなければなりません。それぞれの施設はそれぞれで魅力向上に取り組んでいます。たとえば施設のリニューアルをしたり、新しい商品を提供したり、サービス向上に努めたりしていますが、個々の活動だけではまち全体の潮流にはなりません。個々の取り組みに加えエリア全体でまちの魅力を創造していく必要があります。さらに将来的には外科手術的なハード面の再開発を後述する「天神明治通り

協議会（MDC）」で進めますし、それらを後押しする形で福岡市は2015年1月より「天神ビッグバン」プロジェクトを始動しました。

　このような取り組みは天神エリアだけでなく、福岡市の都市全体の成長戦略の中で、福岡地域戦略推進協議会（FDC）やグローバルMICE戦略都市、スタートアップ都市推進協議会などと連携しながら、重層的に取り組み実現していく必要があります。

■天神明治通り街づくり協議会（MDC）の設立

　明治通り沿いの建物は建て替え時期が到来しています。また2005（平成17）年に発生した西方沖地震も踏まえ耐震性の強化も求められています。このような中、アジアの中核都市にふさわしい都心のまちづくりを目指し、2008年6月に天神明治通り街づくり協議会（MDC）を設立しました。

　2009年にはMDCのグランドデザインを策定し、「アジアで最も創造的なビジネス街を目指す」というコンセプトを打ち出しました。2016年9月末現在で33の地権者（正会員）が加盟していて、エリア全体の7割以上をカバーしています。

　再開発の対象エリアは明治通りを挟んだ天神中心部の17ヘクタールで、約100棟のビル、270の地権者が存在します。金融を中心としたオフィスゾーンで中小ビルも混在し、水鏡天満宮も鎮座しています。エリアの範囲は福岡市とも協議を重ね、徒歩で移動でき、かつ外部から見た時に一定のインパクトがあるボリュームを設定しました。

　エリア内の建物は築40年以上のものが半数です。そのうち1973（昭和48）年以前に建てられたビルは、法定容積率を超過しています。つまり建て替えると現在よりも建物が小さくなるのです。

　以前の都市計画の規制は100尺（約31メートル）という高さ制限だけでした。それが1973年に容積率規制が加わり、全国一律で都心の容積率は800％に制限されたわけです。この容積の制限が建物の更新が進まなかった理由の1つです。しかし見方を変えれば、いま一斉に更新時期を迎えており、まちづくりのチャンスだとも考えられます。

再開発対象エリア

　では街の形態をどうするかと言うと、世界各地ではフランスのラ・デファンスやイギリスのドックランズ、中国・上海の陸家嘴地区、東京・西新宿など、高層ビル群の新しい都心づくりが試されています。ただ高層に容積を積む場合は地上部に空地を設けるのが原則なので、世界中の新都心はどうしても賑わいが連続せず、なんとなく殺伐とした雰囲気になってしまいます。

　世界で賑わいをみせているのは中層建築の連続したまちです。福岡のまちは空港が近く航空法による高さ制限もありますので、天神もロンドンやパリ、ベルリン、ウィーンのように、賑わいが連続する中層のヒューマンスケールの都心が形成されればよいのではないかと考えています。

　2008年、MDC設立とほぼ同時期に福岡市が「都心部機能更新誘導方策」を策定しました。これにより大きなブロック単位での整合性のとれたまちづくりや公共への貢献を、地権者協働で行うことで容積率が1,400％程度まで引き上げ可能になり、従来型の「建物単体規制」からまち全体としての魅力を高める、「通り」を活かした「街並み形成型」のまちづくりへの環境が整備されたのです。

また、2014年11月には国家戦略特区の取り組みの１つとして、航空法の高さ制限のエリア単位での特例承認が認められ、現在、市役所付近で67メートルとされている高さ基準よりも高い、最大76メートルのビルをMDCエリア内で建てることが可能とになりました。これにより２〜３層分の容積に活用できます。そうなれば「低層部のゆとり空間」や「魅力ある街並み形成」など、アメニティの向上や創造的な場の創出などが可能になりますし、開発のスピードアップも期待できます。

　2014年８月には「街づくり協議の仕組み」を導入しました。これはMDCが考えたグランドデザインを担保するために、地区整備計画策定や新築の際には開発者が地域と協議する仕組みです。地域の地権者や専門家によるアドバイザー会議を実施し、MDCが様々な調整を行い、グランドデザインの理念に合うかどうかなどを評価して、アドバイスを行ったり修正を申し入れたりします。その協議結果が福岡市にまた評価されるという仕組みです。

■アジアで最も創造的なビジネス街へ

　MDCのグランドデザインのコンセプトは「アジアで最も創造的なビジネス街」です。都市機能の方針は「創造経済の担い手創出」で、グローバルでクリエイティブな人材や企業が集まるような街にしたい思いを込めています。空間整備の方針は「街並みの形成」で、世界標準の街並みの形成を目指します。このような方針の下、都市の顔となる質の高い空間や賑わいのあるヒューマンスケールのまちづくりを進めます。

　空間整備の方針の１つが「沿道景観の創出」です。建物の個性は認めながら高さ（スカイライン）や壁面線、デザイン性、色調は統一「落着きと品格のあるビジネスストリート」へ進化することを目指しています。どこまで制限を設けるかが今後の課題です。

　ヒト・コト・モノの様々な出会いを促す街路を創出するために、「快適・高質な歩行者空間」を整備し、歩行者優先の魅力的な歩行者ネットワークの形成を図ることも必要です。そのためには建物のセットバックや自転車のサイクルポストの問題などを解決して歩道空間を広げ、ベンチや緑などを配置

快適・高質な歩行者空間

していかねばなりません。建物内の活動が通りから見えるように「可視化」することも街の賑わいには重要です。他にもオープンカフェやアートなど歩行者空間の魅力を高める用途を開発していきたいと考えています。

都市機能の再構築の重要な柱が「高品質なオフィスの創出」です。このエリアを一度再開発してしまうとその後50～100年というスパンで福岡の都市構造を規定してしまうことになりますので、国際競争力のある質の高いオフィスビルを開発する必要があります。フロア面積は最低500坪、できれば1,000坪以上必要です。福岡ビルは大きい方ですがそれでも700坪ほどです。ほかにも天井高は2,800ミリ以上で柱のないオープンな空間、これらに加えて地下街や地下道との接続、コンビニ、託児所などのサービス機能を備えた利便性商業機能やホテル、住居などが組み合わさった複合性、さらにリフレッシュ空間や交流施設など創造性につながるような空間を備えていることが理想です。

こうした様々な機能を備えた質の高いAクラス、Sクラスのビルの開発を行いたいと思いますが、そのためにはビルを共同化しブロック単位で開発を

地下ネットワークなど歩行者回遊動線の充実

行っていく必要があります。個々にそれぞれの事情はありますが、協同して競争力のあるビルをつくることが非常に重要です。

　都心部に必要な機能を「街の共用部」として、街区全体で分担するという視点も必要です。賑わい機能を連続させるために下層階にレストランやカフェ、ファッション店舗を配置したり、ビジネス支援や交流、学習、イノベーションアンカー（多様な人材が交流・議論することで、革新的なアイデアを生み出す場）を整備しているところは容積等で評価し、未整備のところには共益費的なものを支払ってもらうという方法が考えられます。

　「交通体系の再編」も合わせて行います。歩行者ネットワークを中心に、様々な交通体系化、交通環境を整備したいと考えます。

　具体策の一つに「地下ネットワークなど歩行者回遊動線の充実」があげられます。現在天神地下街は南北に伸びていますが、明治通りの方へ東西に伸ばしてクロスさせ、また地上の歩行空間とつなぐ縦軸の整備を行えば、回遊性はさらに強化されます。

　天神周辺の道路構造は東西方向には昭和通り、明治通り、国体道路など複

数整備されていますが、南北方向には渡辺通りの1本だけでかなりの負担がかかっています。渡辺通りの交通量の40％は通過交通ですので、その負担を天神通線の、つまり市役所とアクロス間の道路を南北に延ばすことで分散します。南側の薬院新川沿いは福岡市が都市計画決定をしていだいていますが、明治通りの北側に延ばす方はまだ検討段階です。また、西通りも国体道路の南側を薬院方面に延ばす構想があります。「渡辺通りのバイパス道路」を整備することで、天神の車の流れは大きく改善されます。

　また、ビル毎に駐車場や車路がある状態では効率は良くないし不経済ですので、「ブロック単位で共同駐車場化」できないかと考えています。そもそも駐車場も駐輪場も都心にどれだけ必要なものなのか、附置義務基準の見直しを、広域での交通戦略と整合性を取りながら行うことも必要だと考えています。

　「環境との共生」も空間整備の柱の1つです。千葉県の柏の葉などで行われている、エリア全体でエネルギーの自給や融通を行うエネルギーマネジメントにも積極的に取り組んでいきたいと考えています。

　また、ヨーロッパの建物のように構造体をしっかり造り、内装はその都度リニューアルしていく「スケルトン＆インフィル」にすれば、造っては壊す日本型の開発よりも、環境に優しく長期的にはコストの引き下げにつながるのではないかと考えています。

　当然「安全・安心の向上」も求められます。個々の建物の耐震性強化は必要ですし、本音を言えば明治通りの建物の更新にあたっては免震構造を義務付けたいくらいです。避難場所（オープンスペース）や備蓄倉庫をエリア全体で整備したり、個々の防災センターをネットワーク化できれば、効率的に防災・防犯性能を強化できるのではないかと考えます。

　BCP（事業継続計画）の観点からも、データのバックアップ体制や無停電装置をエリア全体で整備し、大規模災害に強いまちづくりを進められれば、街としての競争力が向上します。

　このような取り組みをエリア全体で共働して創り上げることが、天神の街全体の価値を高めることにつながり、ひいてはそれぞれの地権者の資産価値

の向上にもつながる、そのように考えています。

■ 天神ビッグバンの始動

こうした空間整備を後押しする形で、福岡市は「天神ビッグバン」プロジェクトを2015年1月に始動しました。これは天神の交差点から500メートルの範囲を想定して再開発を進め、新たな空間と雇用を創出するための一大プロジェクトです。

ハード・ソフト両面から様々な施策を組み合わせることでこのプロジェクトを推進し、今後10年間で30棟のビル建て替えを誘導することを目指しています。誘導できれば延べ床面積でで1.7倍の30万平方メートル増、雇用者数は2.4倍の5万7,000人、建設投資は2,900億円、そして建替え完了後からは新たに毎年8,500億円の経済効果を試算しています。ものすごくインパクトのある取り組みと言えます。

再開発には時間がかかり簡単にいくものではありませんが、10年間でこうした結果を出すにはどうすればいいのか、福岡市や地域の皆さまと連携して頑張っていきたいと思います。

今後の課題

■ 連鎖型建替えのシナリオ

再開発の取り組みを進めるための課題は大きく3つあると考えます。

1つ目は、福岡ビルを建設した時のような「連鎖型の建替え」シナリオです。

参考事例として東京、大手町の連鎖型都市再生プロジェクトをご紹介します。世界有数の国際ビジネスセンターである大手町は明治通りと同様に建物の老朽化が進み、高度情報化への対応の遅れなどが懸念されていました。そのような時に国の合同庁舎が立ち退くことが明らかになり、そこを種地として老朽化した大型ビルを玉突き方式で次々と建て替えていくことになりました。まず第1次開発として日経ビル、JAビル、経団連会館を合同庁舎跡に

建て、これらの建物が建っていたブロックを、第2次開発用地として政投銀ビルや公庫ビルを建て替え、その跡地に第3次開発として三菱地所系の建替えが進行中です。

連鎖型開発は非常に効率のよい方法です。タイミングやビルの古さなど、個々の事情があるので簡単にはいきませんが、天神の主要なものだけでも大胆な連鎖シナリオが描けないか検討中です。

その際MDCの17ヘクタールの中だけで考えると限界があるので、公園や道路、学校跡地など公共用地を活用したり、天神エリア外で計画されている様々な開発との連動など、様々な可能性を模索してシナリオを描いていくことが必要だと考えています。

■ 公共空間の改善

2つ目は「都市インフラ（公共空間）」の改善です。民間のビルだけ新しくなってもまちは大きく変わりません。公共空間も同時に改善していくことがまちの大きな魅力創出につながり、世界の企業、投資を引き付けると同時に民間開発のトリガー（引き金）にもなると考えます。

公共空間の改善ポイントとしては「公共空間のアメニティ向上」や「交通アクセス・ネットワークの改善」などがあげられます。

「アメニティ向上」策として、例えば川や海を取り込んで親水空間を創出したり、都心の公園やオープンスペースが充実できればと考えています。

「交通アクセス・ネットワークの改善」では、海外の都心部のように一般車両の通行を禁止し、公共交通機関と歩行者の通行だけが可能な「トランジットモール」や、バリアの少ない「緑の歩行者ネットワーク」を実現したいと考えます。

これから開発が進むと、歩行者の流動が相当増えると予想されるため、地上と地下だけでなく上空も活用しながら、「立体的な回遊動線」を考えていくことも必要でしょう。

大阪、グランフロントの「うめきた2期」の事例です。「まち全体を包み込む『みどり』が、ここにしかない新しい都市景観を創出し、多様な活動、

新しい価値を生み出す源となり、世界の人々を惹きつける」と考え、「みどり」を活用することで世界水準の都市空間を持つ国際都市になるとことを構想しているのです。計画地は大阪駅の貨物引き込み線跡の17ヘクタールでMDCとまったく同じサイズですが、そのうちの８ヘクタールが地上や屋上で緑化される計画です。これぐらいの意気込みでどこにもない空間を創ろうとしているのです。

　天神ももっとアメニティ空間を重視する必要があるのではないでしょうか。アメニティへの評価は今後の重要な企業立地評価につながってくると思います。ちなみにシンガポールの都市政策は「シティ・イン・ザ・ガーデン」と言っています。「ガーデン・イン・ザ・シティ」ではないのです。庭園の中に都市がある。私たちよりも何歩か進んでいるなと感じます。

■需要の創造

　３つ目は「需要の創造」で、これが一番重要だと考えます。

　MDCの全エリアで容積率800％から1,200％に緩和されて開発が行われた場合、約15万坪（約50万平方メートル）ほどの新規床が創出されます。これは福岡市内都心部のオフィス床面積の15％を超す水準です。

　新規の床だけができても需要がなければ何にもなりません。2007年までのファンドバブルで福岡にも中央の資本やファンド、デベロッパーが進出し、市内のオフィス床面積は急増しました。しかしファンドバブルがはじけ、オフィスの充足が当初見込みほど進まなかったために、空室を埋めようとして賃料の値下げが起こりました。結果、天神では賃料が１～２割落ち、そこからまだ回復していません。

　一時的なオフィス床の大量供給はマーケットを疲弊させるだけです。需要に見合った開発を行うべきで、言い換えますと再開発を進めるためには需要を創造する活動をすることが重要だと考えて、取り組んでいるところです。

　もちろん需要の創造はMDCだけでできるものではありません。都市の成長戦略といかに連携していくかが重要になります。

　「福岡地域戦略推進協議会（FDC）」は産・学・官・民が連携した組織で

福岡地域戦略推進協議会

オール福岡体制で成長戦略に取り組んでいます。FDCではGRP（域内総生産）2.8兆円増と雇用6万人増を目指し、特に観光・環境・食・人材・都市再生に集中して、戦略立案とその実践を進めています。都市再生には時間がかかりますが、「都心の整備が都市全体の成長を牽引する」という考えのもとで、まず天神・博多・ウォーターフロントの再生に力を入れているところです。

福岡市は2013年6月に「グローバルMICE戦略都市」に指定されました。この数年、福岡の国際会議の開催件数は、東京に次いで全国2位となっています。それでも需要に応え切れていないということで、ウォーターフロントに第2期展示場をつくろうとしています。また、官民一体の誘致窓口として「ミーティングプレイス福岡（MPF）」を設置しました。これらの施策がFDC観光部会で進められていますが、MICEの誘致だけでなく、国際会議で来福された最先端の人を地元企業とマッチングして、新規ビジネスの創造や企業誘地につなげていきたいと考えています。

また、福岡市が進めている「スタートアップ都市づくり」とも連携を進めたいと考えています。

福岡市はFDCと共同で提案を行い、2014年3月、「創業のための雇用改革拠点」として国家戦略特区に選出されました。新しい事業の創造では福岡は日本でトップクラスを誇っていますが、それでも開業率は6.4％で、10％を

スタートアップカフェ

天神COLOR

超える中国やアメリカに比べるとまだまだ低いのが現状です。目標としている13％達成を目指し企業支援をしていくことが重要な取り組みとなります。

　ただ新しい企業を育てるのは時間がかかるので、既存企業やグローバル企業の誘致との両輪で行っていく必要があります。それが新たなオフィス需要を生み、MDCの開発にもつながってくると考えます。

　2014年10月にオープンした「スタートアップカフェ」は、これから事業を始めようと考えている人を支援する本屋内併設のカフェで、常駐するコンシェルジュや弁護士に無料で相談できる場を提供したり、起業に関するセミナーや交流会など各種のイベントを行っています。

　2015年6月にオープンした「天神COLOR」は民間主導のインキュベーション事業で、24時間利用可能な「コワーキングスペース」を提供し、先輩起業家とのマッチングや新規事業プランのコンテストを行うことなどで、起業家が起業家を生む好循環を創出しようとしています。

　また福岡ビルには「福岡アジアビジネスセンター」、「福岡ベンチャーマーケット」、「ジェトロ福岡貿易情報センター」、前述の「ミーティングプレイス福岡」などが入居し、ベンチャーの海外進出や新たな販路拡大などを支援しています。

　再開発ができる時にやるというのではなく、今やれることを今から始めているわけです。

■ アジアの中核都市を目指して

　福岡は交通インフラの整備と都市開発の両輪で発展し、九州の州都と呼ばれるまでに発展しました。そしてこれからは天神ビッグバンの推進や都心の再生を通して、アジアの中核都市となっていくことを目標にしています。その実現のためには、様々な人々のまちづくりへの関与をさらに深化していく必要があります。

　従来のまちづくりは行政が主導して支援する形でしたが、ここ20年ぐらいで民間がやるなら行政も支援しよう、パートナーとして一緒にやろう、という協同型のスタンスに変わりつつあります。

　これまでも様々な方が福岡のまちづくりに関わってこられたのですが、この街を好きな人、愛する人にはたくさんの活躍の場があります。多くの人をまちづくりに誘い込んで、エリアマネジメントを推進し、市民のまちづくりへの関与を深めていきたいと考えます。

　都市間競争、国際競争の時代です。韓国、中国、シンガポールなど、どの都市も競争を勝ち抜くためにスピード感を持って取り組んでいます。福岡も全体最適の発想を持ち、高い目標を掲げて、海外の都市に勝てるアーバンデザインを議論し、そして都市の長期ビジョンを共有し、実現していく、このような取り組みを進めたいと思っています。これからもご協力よろしくお願いします。

高崎繁行（たかさき・しげゆき）
福岡県出身。東京工業大学工学部卒業後、1978年に西日本鉄道株式会社入社。入社後、まちづくり（福岡駅再開発、WLT、MDCなど）、広報（PR、危機管理）、経営企画（コーポレートガバナンス、経営戦略）などを歴任。現在はホテル事業本部、まちづくり・交通企画部、IT推進部を担当。

アジアゲートウェイとしての FUKUOKA

九州大学工学部建築学科教授
坂井 猛

福岡のまちの発展にとって、空港、港、駅など、ゲートウェイ機能を有するインフラが果たしてきた役割は計り知れません。グローバル化が進展し、人と物の流れの活発化によって、その役割の重要性を増しています。今回のセミナーの狙いは、福岡におけるゲートウェイ機能の過去と今を知ることです。ゲートウェイ機能がどのように形成され、どのように福岡の経済やまちづくりに影響を与えてきたのかを見ることで、将来の福岡を展望することを目的にしています。今後の発展と地方創生の実現に向けた取り組みは、大いに気になることだろうと思います。

　ゲートウェイにあたる場所が半径5キロの圏内に集まっているのが、福岡の特徴です。福岡空港が南にあり、すぐ近くにJR博多駅、その先には天神、さらに博多港もあります。このように陸・海・空がそろっている都市は、非常に珍しいと言えます。

　講師の方々には、空港の歩み、グローバル化に対応する空港、アジアの拠点を目指している博多港、アジアの玄関口である博多駅とその周辺のまちづくりの問題、アジアのビジネス拠点を目指す天神について話していただきました。まず、これらを紹介させていただきます。

福岡空港

　福岡空港には、国内線が1日366便発着し、国際線は1週間に488便が飛んでいます。旅客数は伸び、貨物取扱量も1967（昭和42）年ごろはゼロに近かったのですが、現在は1年間に24万トンにまで増えています。

　国内空港の乗降客数では、1位は羽田、2位は成田、3位が福岡です。福岡は発着回数も3番目に多く、1時間当たりの滑走路処理容量を超えて航空機をさばいている時間帯もあります。そこで、2,500メートルの滑走路と誘導路を新設します。滑走路は2025年ごろ、誘導路は2018年ごろの完成を目指しています。現在の誘導路は1方向にしか行けないので、双方向に行けるように二重化しますが、それにはターミナルビルが邪魔になるので、今これを東に移動する工事が進められています。

福岡空港運営の今後

①国管理から民間運営へ
　民間委託で空港の利便性が向上して地域振興に繋がる
②運営にもとめられること
　・地域活性化のために、観光力強化と外国人受け入れ態勢強化、都市型空港のメリットの活用
　・利用者利便の向上のために、従業員育成や接遇力の向上を図る。ストレスフリーな空港、好印象でインパクトのある空港、価値の高い空港をつくる
　・国際競争力強化のために、航空路線拡大、物流拡大、MICE受入れ態勢強化、クールジャパンの展開強化

　福岡空港は全くのゼロから出発し、この70年間で乗降客数が2,000万人という規模になっています。

　福岡空港には5つの役割があります。①旅客・貨物の流動拠点、②安心・安全の拠点、③災害が起きた時や災害復旧活動時の重要拠点、④公共公益業務の活動拠点、⑤自衛隊等の任務遂行の拠点です。このように、我々の生活にとって非常に大事な拠点となっています。さらに今後は、国の管理から民間の運営への移行を予定されており、空港の利便性をいっそう向上させ、それを地域振興につなぐのが目的です。運営に当たっては、観光力の強化と外国人受け入れ態勢の強化を図り、都市型空港のメリットを活用していくことになります。

　また、利用者の利便向上のために、従業員の育成や待遇力の向上をし、ストレスフリーな空港、好印象でインパクトのある空港にする計画です。さらに、国際競争力を強化するために、航空路線の拡大、物流拡大、MICEの受け入れ体制強化、クールジャパンの展開強化につないでいくことが、今求められているということです。

　航空政策全体としては、羽田空港の発着枠拡大を背景に、オープンスカイ（航空の自由化）の動きとLCC（格安航空会社）などの新企業の参入促進があります。航空分野の成長は日本経済の活性化につながることを効果として期待しながら、「民間投資を喚起する成長戦略」の一翼を担っていくことが

福岡空港の今後の発展の方向性 "ABC" 戦略

Airport Value
　空港機能強化や地域特色の見える化などにより、空港の価値を高めること
Access Improvement
　航空需要や旅客需要予測への対応及び利用者利便性向上のための空港アクセス改善
Area Development
　博多地区、天神地区に続く「第3エリア」としての空港周辺地区開発
Active Land Use
　空港及び空港周辺の積極的な土地活用（＝地下と空間）
Best Quality Airport
　地域拠点空港から脱皮し、「高品質の国際空港・利便性の高い国内空港」を目指す
Corraborative Airport Operation
　空港民営化に伴う産学官及び地域全体による協調的空港運営と連携

考えられています。
　また、福岡空港の今後の発展の方向性として、「ABC戦略」が示され、これをしっかりと打ち出したらどうかという提案でした。

博多港

　博多港は、1927（昭和2）年に第2種重要港の指定を受け、1960年には埋め立てが計画されました。そのころは全国どこでも工業化を目指した時代です。箱崎沖まで埋め立てる計画も、このころには描かれていたようです。博多ふ頭、須崎ふ頭はこのころには完成していました。その後、箱崎の埋め立ては途中までになり、1972年ごろには和白の埋め立てが計画され、同時に百道の埋め立ても予定されていました。1970年代に、いろいろな計画が立案されたようです。
　1989（平成元）年の計画では、今のアイランドシティが描かれています。後に環境問題がクローズアップされ、結果として、島状に作ることで干潟を守っていこうという計画になりました。

同年には百道地区で「アジア太平洋博覧会」（よかトピア）が開かれました。「港湾に開かれた都市、アジアに開かれた都市」を謳い、来客数も予定の600万人を上回る822万人が入場しました。博覧会の計画の直後に、シーサイドももちの基本計画も立案され、実行に移されました。博多港の西に位置するシーサイドももち、西福岡マリナタウン、小戸ヨットハーバーのあたりは人が暮らす場所、須崎ふ頭から香椎パークポートにかけてのエリアは人と物を運ぶ港です。福岡にとって博多港の物流機能はとても大事ですが、景観上の配慮はこれからかな、という気がします。

　博多港は、福岡市の経済活動全体の約3割を生み出しています。さらに、台湾から北米に向かうルートは日本海を経由しているので、博多港の近くを通ります。この時、釜山と博多港を経由していくと非常に便利になります。博多港は上海、天津、大連などにも近く、RORO船、コンテナ船で釜山にフィーダーを増やすことも重要です。物流は2014年度に過去最高を記録するなど、どんどん伸びています。

　2015年は特に多くの大型客船が来ており、乗客3,000人、4,000人規模の巨大客船が一度に博多にやってくるということも起きているようです。その結果、現在、博多港の国際乗降客数は全国1位です。

　博多港自体を再整備しなければならないということは、以前から言われています。国際競争力の強化をはかるには、都心部の新拠点を築く必要があります。民間活力やノウハウを活用し、市政、MICE、港湾を活かした一体的な再整備が求められています。さらに、水辺を活かした空間に賑わいをつくり、福岡の顔となるような新拠点を形成する将来構想が描かれています。

　外国の方がたくさん来られていますので、入出国検査などのための中央ふ頭クルーズセンターが2015年4月にオープンしました。

　アイランドシティも着々と整備が進められており、約400ヘクタールのうち半分の約200ヘクタールはICTを駆使した港湾機能が整備され、もう半分の約200ヘクタールのまちづくりも進んでいます。小・中学校、保育所、環境に配慮したCO_2ゼロ街区、介護老人福祉施設、オフィスビル、こども病院もできており、まちびらき10周年を迎え、昔に比べてずいぶんとまちらし

香住ケ丘とアイランドシティを結ぶ
「あいたか橋」

博多港3本の矢

① ICT
　博多港の物流システムは日本一。スマホとドライバーをつなぐ。後発だったので半官半民でできたHiTS（webサイトを利用し、輸出コンテナの行政手続きの進捗情報や位置情報の確認や、物流関係における作業情報の指示・伝達などをリアルタイムに把握できるサービス）。上海、タイ、台湾と連携。
② エコ
　門型クレーンの電動化。ディーゼルを電化は日本初。CO_2を80％削減した。
③ 災害対応（BCP）
　南海トラフ、相模トラフから遠く離れている。

➡ 港の再開発時代に入っている。

くなってきています。超高層ビルも建ち、温浴施設もオープンしました。しかし、まだ埋め立てたばかりのところもあり、野鳥公園などもこれからつくらなければいけません。まちづくりは時間がかかります。

　アイランドシティ・アーバンデザインセンターを中心にまちづくり活動が展開しています。ここは公民学によるまちづくりを発展させる拠点です。2015年はまちづくりを始めて10年目になり、その記念イベントが行われました。

　東区香住ケ丘とアイランドシティを結ぶ全長400メートルを超える海上橋「あいたか橋」は、あえてカーブさせることによって景観を楽しみながら渡れるように計画されています。約3キロのジョギングコースもできます。

　博多港には3本の矢があります。「ICT」と「エコ」と「災害対応」です。

博多港は再開発の時代に入っています。中央ふ頭にクルーズセンターが完成したことで、これからは博多港発着のクルーズを定着させ、ワンランク上の南欧、北米からのクルーズ誘致を進めます。これに加え、来航者だけでなく、市民に喜んでもらえるかどうかは、重要なポイントです。

博多駅

　1889（明治22）年に開業した初代の博多駅は木造平屋でしたが、それから20年後、2代目の駅ができ、1963（昭和38）年には、現在の場所に3代目の駅が移転新築されました。最初は何もないところでしたが、土地区画整理を行い、まちづくりがスタートしました。1975年に山陽新幹線が乗り入れ、今では、駅周辺にビルやホテルが林立する、九州におけるビジネス拠点となりました。

　博多駅のビルが更新時期を迎え、2011（平成23）年の九州新幹線開業に合わせて4代目の駅舎が計画されていたことから、博多駅周辺のエリアマネジメントが始まりました。その目標は、①まちの魅力と価値を向上させる、②都心部の国際競争力を高める、③良質な景観のまちにする、④新たなにぎわいが生み出されるまちにする、⑤災害に強いまちにする、以上の5つです。

　それぞれの土地所有者が個々の開発、更新をしますが、博多というエリア全体を産官学でどう育てていくかという目標を立てて、それに向かっています。まちを育てるとなると、地域住民、商店街と周辺の事業者、警察などの参画によって、より良いものにしていく必要のあることが分かり、2008年にエリアマネジメントという形になりました。安全・安心、資産価値の維持・保全、美しいまちなみ、地域の伝統産業・伝統文化の継承を目標に掲げた「博多まちづくり推進協議会」ができたのです。

　対象となるのは、合同庁舎付近から祇園、キャナルシティ、住吉神社が入るエリアで、だいたい東西1.5キロ、南北で1キロぐらいです。

　この協議会の理念は、博多駅地区を舞台にして、住む人、働く人、訪れる人が主役となったまち、みんなに愛される、誇れるまち、新たな時代の魅力

的な風格のあるまちを創造していく、ということです。
　将来像として、
　①進化し続ける九州・アジアのゲートウェイシティ「博多」
　②ビジネスと商業が融合する新商都「博多」
　③歴史と共生し新しい文化や情報を生み出すまち「博多」
　④いつも賑わいのある楽しいまち「博多」
　⑤モラルとやさしさがある安全安心なまち「博多」
　⑥様々な人と地域が交流し共に育むまち「博多」
の6つを掲げています。
　社会実験として2008年に行った「はかたんウオーク」をはじめ、博多駅地区と天神地区を結ぶ「にぎわい回遊軸」をつくるための、歩行者と自転車専用道の分離など、合わせて13の取り組みを実施しました。
　2011年に九州新幹線が開業し、敷地面積2.2ヘクタールに、約20万平方メートルの巨大な駅ビル「JR博多シティ」がオープンし、2013年にはクルーズトレイン「ななつ星in九州」の運行が始まりました。また、韓国、香港、台湾、タイ、中国などからの観光客の利用が多い「JR九州レールパス」は2014年度に約17万枚が売れました。博多駅の乗車人員はどんどん伸びていますし、駅周辺の休日の歩行者数も増えています。
　さらに、一部の商業施設だけではなく、周辺を一体化することで賑わいを広げ、まちの魅力を高めようと、「駅からまちへ、まちから駅へ、楽しいまちへ」というまちづくりのルールをつくっています。博多駅は巨大な商業施設ですが、そこに人を囲い込むのではなく、訪れた方が周りに広がっていく、あるいはその逆もある、そういったまちの作り方をしようということです。
　周辺には多くの古寺名刹がありますが、博多駅と十分なリンクがされていないことから、博多駅→寺町→櫛田神社→キャナルシティ→博多駅という回遊ルートを設け、灯明ウォッチングなどを実施しています。ほかにも、博多の歴史と文化に触れてもらおうと、2014年10月1日から11月までスタンプラリーを実施、約4,000人が利用しています。
　数年後には地下鉄七隈線が延伸します。そのルート上にある博多駅前通り

博多駅周辺のまちづくりの今後の課題

▶歩いて楽しいまちづくり
①はかたんウォーク
②まちのにぎわいを広げる活動
- 拠点や主軸から面に広げるにぎわいづくり
- ライフスタイルに応じたにぎわいづくり

③歩きたくなるまちをつくる活動
- 地下鉄七隈線延伸に向けた博多駅前通りのさらなる魅力向上
- 博多駅周辺の交通課題の解決と回遊性向上活動

▶美しく安全なまちづくり
④安全・安心環境向上活動
- 環境向上・美化活動
- 地域や行政と一体となった防犯・防災に関する取り組み
- ユニバーサルデザイン化の取組み

▶協議会活動の充実
⑤他組織との連携
- 行政や地域、天神地区と協働した都心部活性化の取り組み
- まちづくり活動関係者との積極的な交流・情報交換

⑥情報発信・自主財源の確保
- 積極的かつ効果的な情報発信
- 自主財源の確保

▶特別協賛事業
⑦博多駅前どんたくストリート
⑧冬のファンタジーはかた'16

は、都心部の大事な通りであることから、歩道を利用する人にとっての障害物の撤去、自転車の分離、さらには自動車、バスルートにも配慮し、一方で建物の建て替えに考慮したまちづくりを進めていく将来像を作成しています。パーキングメーターの撤廃、マナーづくりも含め、歩いて楽しいまちなみ空間をつくりこんでいくということです。リノベーションカフェを設けたり、「どんたくストリート」として開放したりしています。

　もう1つの課題は筑紫口です。筑紫口は、新幹線が開業したころは最先端の交通広場だったろうと思いますが、今は少し不便になっています。特に歩道上に設けられたサイクルポスト、自動車や観光バスと歩行者の交錯、観光バス利用者の滞留と、混雑が日常的になっており、解決しなければなりません。

　博多口では、以前の博多郵便局一帯でビル2棟の建設が進み、2階部分は博多シティから交通センターまでがつながり回遊性が高まっています。加えて、福岡市営地下鉄七隈線の博多駅ができます。七隈線・博多駅と現在の博多駅をつなぐ場合、その動線を考え、使いやすく、楽しい道にすることも盛

り込まれています。

　エリアマネジメントの強みは、高い公共性、行政からの支援が得られやすいこと、多様なネットワークが構築されること、地域の代表の方が加わっていることなどです。一方で、財源がない、担い手の偏り、まちづくりに関する法的権限がないことなどが課題です。

天神

　天神は、交通アクセスの拡充と商業施設の拡大がセットになって、発展してきました。まちの形成期から現在まで、都市開発が発展の原動力になってきました。2000年以降は、天神に大規模な開発がなかったことから、エリアマネジメントによるまちの活性化を目的として、2006（平成18）年に「We Love 天神協議会」が発足しました。

　「We Love 天神」は、天神エリアを「歩いて楽しいまちにしよう」「洗練され、いつもにぎわいのあるまちにしよう」「心地よく快適に過ごせるまちづくりをしよう」「持続的に発展するまちをアジアの中でつくっていこう」ということを目標に掲げ、交通渋滞の解消、防犯も含む都市問題に対応するためのガイドラインを作成しています。

　ソフト面でも、「ファッション・マンス」、「子どもまるごとワンダーランド」「ミュージックシティ」「天神のクリスマス」などのイベントを仕掛けています。きらめき通りの歩行者天国も2014年に開催されました。さらに、ベビーカーの無料貸し出し、天神案内人、マップ作成など、やれることは何でもやる姿勢で取り組んでいます。

　国家戦略特区の取り組みの1つとして、航空法の高さ制限の特例承認を得て、高度制限が67メートルから76メートルに緩和されました。また、都市機能の大幅な向上と増床を図ることを目的として、にぎわいに寄与するなどの条件を付けて、容積率を1,400％にまで引き上げました。これから、明治通りで商業業務ビルの更新が進み、開発のスタートアップが期待できます。

　さらに、天神交差点から半径約500メートルのエリアで「天神ビックバン」

天神まちづくりの今後の取り組み

環境変化
人口減少・少子高齢化／観光・インバウンド拡大／都心回帰／ライフスタイルの変化／成長エンジン

新しい都心の創造	ゆっくり快適に過ごせるアメニティ空間 「ワクワク」「ドキドキ」するエンターテインメント空間 イノベーションが生まれるクリエイティブ空間

天神の各施設	天神エリア	都市全体
魅力向上の取り組み ●リニューアル 　（空間・導線・MDの改善） ●新しいライフスタイルの提案 ●サービス向上	WLT（We Love 天神協議会） ●歩いて楽しいまち（ガイドライン） ●集客力の向上 　（共同販促、エリア間連携） ●自主運営組織 DID へ MDC （天神明治通りまちづくり協議会） ●アジアで最も創造的なビジネス街 天神ビッグバン ●民間投資を呼び込むプロジェクト ●都心の活動を支える交通	FDC （福岡地域戦略推進協議会） グローバル MICE 戦略都市 グローバル創業・雇用創出特区 （国家戦略特区）

　が始まりました。これは、アジアの拠点都市としての役割、機能を高め、新たな空間と雇用を創出するプロジェクトです。建物が建て替えられると、延べ床面積は1.5倍、雇用者数も2.4倍になります。10年間の建設投資額は2,900億円。波及効果が毎年8,500億円という試算も出されています。このプロジェクトは周辺にも波及します。例えば、西側の廃校になった大名小学校の跡地や東側の那珂川沿いにある水上公園などです。

　東京・大手町では、土地を交換することで建て替えがスムーズに進んでおり、天神でも建て替えの検討が進んでいます。

　民間と公共の空間を同時に改善すること、特に公共空間のアメニティの向上が大事であり、水上公園、アクセスネットワーク、バリアの少ないゆとり空間を作っていくことがこれからの課題です。

　2011年には福岡地域戦略推進協議会（FDC）ができました。これは産官学、オール福岡の体制で、観光、環境、食、人材、都心再生に集中して地域

戦略を推進する団体です。また、MICE を軸に都市をつくるために、ウォーターフロントの作り込みの検討が進められています。

福岡市は、2014年に創業のための雇用改革拠点をつくる国家戦略特区の指定を受けました。これを使って起業支援を進めていくことも福岡の大きな目標になっています。

福岡はアジアの中核都市をめざすという大きな目標を掲げています。それを実現するには、市民のまちづくりへの関与と長期ビジョンの共有が非常に大事です。

福岡の都市のちから

以上、駆け足で、7人のお話の概略を報告しました。これからは福岡の都市の力について少し考えたいと思います。

九州大学学術研究都市構想は、福岡市西部の糸島に伊都キャンパスをつくり、周辺を学術研究都市にしたいと、2001年に産官学で作った構想です。構想の影響する二次圏として、東は宗像、北九州、飯塚、南は久留米、鳥栖、西は唐津まで含むエリアを有する学術研究都市構想であり、その中核となるのが福岡市です。宗像、糸島、筑紫野を含む福岡都市圏に240万人が住んでいます。

国連のデータによると、世界で一番都市圏人口が多いのは東京で、3,700万人です。2番目はデリー、3番目は上海。ずっときて、63番目が北九州・福岡です。北九州から福岡までを1つの都市圏としてみると、552万人になります。実は、この福岡・北九州都市圏は、ダラス、フィラデルフィア、シンガポール、バルセロナ、アトランタ、ワシントン DC などと肩を並べます。

例えば、ドイツの首都・ベルリン都市圏は354万人です。首都だから、立派な議事堂を持っています。アメリカのシアトルは322万人。博覧会の時のタワーを中心に大変いい街並みが形成されています。台北は266万人で、立派なインフラを持っています。カナダのバンクーバーは244万人。真ん中にコミュニティセンターや大学、裁判所などがいっしょになった開放的なエリ

上から時計回りに、バンクーバー、ベルリン、シアトル

アがあります。

　そういった目で福岡を見てみますと、福岡は日本海側にあり、東京と上海の中間に位置し、アジアのフロントに位置しています。福岡空港があるため、空港を"底"にして、すり鉢状に高さが規制されています。しかし、前述した世界の各都市に負けないインフラや、アクロス福岡、ヤフオクドーム、筥崎宮などの立派な建築もたくさんあります。

　福岡自体はアジアの交流拠点都市を目指し、自然と共生する、自立した市民が支え合う、活力と存在感に満ちた、あるいは海に育まれた歴史と文化の魅力が人を惹きつける、そういう都市になろうと考えています。

　福岡は北側が海で、平野部に山がせまっているため、コンパクトなまちが形成されています。このコンパクトな市街地に都市機能を集積させます。東のアイランドシティ、西の九州大学、真ん中のシーサイドももち、これらを活力創造拠点とし、都心部を中心としたネットワーク化を図って日常生活圏を形成し、移動の円滑性を確保します。

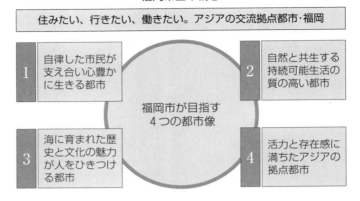

一方で、改善すべき点もあります。市街地では交通渋滞と電線が目立ちます。自転車が綺麗に並べられている場所は将来もずっと自転車置き場なのか、これから建て替わっていく住宅も今まで通りの建て替え方でいいのか、いろんなことを思うわけです。

九州大学は、学術研究都市づくりを推進し、特に環境に優しいまちづくりに力を入れています。2018年度に当初の計画どおり建設が完了します。

伊都キャンパスの周りには様々な施設が建っています。キャンパス内には、水素エネルギーの研究施設群ができあがっており、周辺には関連の研究所などが着々と立地しています。アーバンデザイン会議を開催し、将来の糸島像をディスカッションし、いろんなアイデアを盛り込んでいます。

九州大学が伊都キャンパスに移りましたので、跡地のまちづくりが行われています。六本松キャンパス跡地は2018年には立派な施設ができあがります。箱崎キャンパス跡地の活用については、現在、計画中です。まちづくりはすぐには終わりません。20年、30年という長い期間が必要です。

さて、これからディスカッションに入りますが、論点を3つ用意させていただいています。

①現在の空港や港湾または駅の整備の評価と課題
②将来のアジアゲートウェイの在り方や戦略

九州大学伊都キャンパス

③今後アジアへの展開力を持つビジネスへの期待

　主にこの3点を、ご登壇いただく皆さまにディスカッションしていただく予定です。

【パネルディスカッション】

アジアゲートウェイとしての FUKUOKA

地方創生の実現と地域インフラ

【パネリスト】

国土交通省九州地方整備局局長
鈴木 弘之

福岡地域戦略推進協議会会長
麻生 泰

西日本シティ銀行取締役会長
久保田勇夫

【コーディネーター】

九州大学工学部建築学科教授
坂井 猛

将来のアジアゲートウェイのあり方と戦略

坂井●福岡の空港・港湾・駅は人とモノが行き交う交通の結節点です。近年のアジアの経済発展によって人・モノ・情報の交流も活発化し、アジアの活力をどう取り込むのかが、九州にとっても、日本にとっても、重要です。インフラの整備と活用も、空・海・陸ともに着実に進んでいます。九州新幹線の博多駅－鹿児島中央駅間が開通し、東九州自動車道の開通も目前です。2019年にラグビーのワールドカップ、2020年には東京オリンピックも開催され、福岡にとっても絶好のチャンスが到来します。

今、アジアの活力を取り込み、九州と日本の発展にどうつないでいくかが問われています。ゲートウェイとは、人やモノの玄関口というだけではなく、日本の成長センターになることでもあります。そのためのハードとソフトの整備をどのように進めるのかを議論していただきたいと思います。

基調講演の最後に3つの論点を出させていただきました。まず、「将来のアジアゲートウェイのあり方・戦略」などについて、話していただければと思います。福岡・九州に求められる国土政策や地方創生、あるいはアジアゲートウェイとして見た福岡の優越性や、それを生かすための戦略、このあたりから議論に入っていきたいと思います。国土交通省九州地方整備局の鈴木局長からお願いします。

鈴木●私は、現在、計画の作成が進められている「国土形成計画」をもとに紹介させていただきます。国土形成計画は、いわゆる国土計画で、産業・エネルギー・環境・交通など国土に関するものはいろいろありますが、その指針になるものです。今回の計画作成の動機は、人口減少が本格化するなかで日本は成長していき、地方が元気になるためには何をすべきかということがその原点にあります。計画の基本コンテンツは、対流促進型フローをつくろうということです。要は、国内であったり海外であったり、さまざまな分野をまたぐ動きを活発にしていき、成長するポンプにしていこうということだと理解いただければと思います。

その中で九州の役割は、2015年8月14日に閣議決定された「国土形成計画全国版」のなかの「九州の現況と課題」に書かれています。九州圏については、地理的にアジアからの玄関口に位置していること、自動車産業の国内主力生産拠点や再生エネルギー、ロボットなどの産業立地が進展していること、訪日外国人数が著しく増加していることという状況があります。こうした現状を踏まえ、「アジアの成長力を引き込む日本の成長センターとなって、日本の経済成長に貢献することを目指し、九州圏と他圏域との交流・連携を促進することが期待される」と謳われています。

　2014年度から検討が進められている具体的なイメージがあります。成長するアジアを受け止めて九州が成長をし、それを東に伝えていき、元気な地域をめざしていこうということです。県庁所在地からなる「基幹都市」、それより下の「拠点都市」、さらにその下の「生活中心都市」の3層がネットワークを構成して重層的な圏域構造「元気な九州圏」をつくり、その中で一番拠点的な位置にあるのが福岡ということになります。

坂井●「元気な九州圏」について説明していただきました。続いて、九経連の会長で、FDC（福岡地域戦略推進協議会）の会長でもある麻生会長にお願いします。

麻生●私は福岡から、そして九州から日本を変えたいという熱い想いを持っています。2015年、われわれはどういうポジションにいるのでしょうか。20年間待ちに待ったデフレから脱却しようとしている時に、この地域が国家戦略特区として期待されています。ここでの責任とやりがいは非常に大きいと思います。

　福岡でコンベンションをやろうなどと言っているだけで終わってしまえば、香港とか東京にはかないません。地域レベルやコミュニケーションレベルの高い香港やシンガポールに比べ、福岡が持っている強みの1つは「奥座敷」があるということです。福岡から温泉などに簡単に行けます。このような奥座敷は東京や香港にはありません。安心・安全できれいでおいしい。他国はとても追いつけないサービスと安心レベルを持っています。奥座敷の充実も福岡の評価につながるという視座でリーダーとしてリードし、また九経連の

シンポジウム当日の様子

会長として九州全体のインフラ整備、Wi-Fiや多言語対応の整備などに力を入れていきたいと思っています。

坂井● 奥座敷を持っているのが福岡の大きな強みではないかということでした。次は西日本シティ銀行の久保田会長お願いします。

久保田● 大きな枠組みの中から福岡を考える必要があると思います。日本がどうなっているか、世界はどうなっているかという中で福岡のことを考えるということです。

　私は1991年から2000年まで国土庁に勤務しており、官房長の時代に、いま鈴木局長からお話がありました「国土形成計画」の前の「第5次国土総合開発計画」の策定に関わりました。そういうことも含め、これまでの国の政策から話をさせていただきます。

　戦争直後はどうやって日本を発展させるかが重要でした。地方には労働力はあるが働く場所がないということで、一斉に東京に集まって、一極集中になりました。高度経済成長期に中学校を卒業し集団就職列車で東京に来た若

者が「金の卵」と言われた時代です。これが一極集中の第１期です。

　第２期は1990年前後、一極集中はよくないのではないかという意見が出てきたところから始まります。この意見には２つの観点があると思います。１つは、東京で公害が出てきたり、人口が多くなりすぎたりという、東京自身の問題。２つ目には、もう少し地方を元気にしなければいけないということです。その象徴が1992年にできた「国会等の移転に関する法律」です。ちなみに、「国会等」としてなぜ「首都」と言わないかというと、天皇陛下は移さないということなのです。この法律により、1999年には、首都機能の候補地まで決めました。

　しかしその後、潮目が変わりました。国際競争の観点から東京を強くしなければいけないという意見が強くなったのです。それまで企業や国の組織などを地方に移そうとしていたのに、再度東京に集め始めました。これが第３期です。具体的には、大学の首都圏集中が自由になり、地方に移った政府関係機関も東京に戻るという話もあり、加えて2020年のオリンピック開催が決まりました。

　今は第４期の境目だと思います。その理由は、１つには地方創生、もう１つ、東京一極集中です。決定づけた出来事が2011年の東日本大震災です。これが首都機能や本社機能その他も含めてリスクの高い所への集中はよくないということで、地方移転の機運が高まりました。その中で、国土軸を、地震や津波の被害が少ない西の方へ、あるいは日本海側へ移そうという話が出たのです。

　私は福岡経済同友会の代表幹事を務めていますが、2011年に東日本大震災対応特別委員会を作りました。結論の１つが、国土軸を西の方の日本海側に移すことは、われわれのためでもあるけれども、日本のためでもあるということです。2011年から「首都・本社機能等誘致委員会」を立ち上げました。その中で、福岡の魅力を語ることは非常に大事なポイントで、具体的なメリットがたくさんあると感じています。

　それから、過去の歴史を振り返ることが非常に大事だと思います。福岡が繁栄しているのはアジアに近いからだと簡単に言いますが、それだけではな

シンポジウムのパネリストおよびコーディネーター

く、過去の歴史と先人の努力があるからです。それは旧満州とのつながりあたりから始まり、最近の福岡の行政と絡めることも可能です。

　もう1つ、過去の歴史の失敗と成功をよく見なければいけないということです。明るい面は皆がとりあげます。しかし失敗した面も結構あるわけです。その失敗の要因は3つほどあったと思います。1つは経済政策と発展計画の質です。日本人全体が競争しているわけですから、質の高いものを出さなければいけません。もう1つは、政策の一貫性の欠如です。これは必ずしも民間の責任だけではなく、行政の責任もあります。特に航空行政は、その典型だと思います。さらにもう1つ、福岡特有の問題として、発信能力が低かったこと。おそらくそういうことが、将来に対するヒントになるのではないかと思います。

坂井●ありがとうございます。クオリティーを上げるということと、政策の一貫性が重要であり、加えて、発信能力に課題があるのではないかというお話をいただきました。元気な九州をつくるために、全体のつくり方を考え、先人がやってきた失敗と成功を振り返りながら取り組むことが大事だということでした。

ゲートウェイのあり方を考える時の重要な示唆を、それぞれからいただきました。

現在の空港や港湾、駅の整備の評価と課題

坂井●次に、今の空港、港湾、駅の整備の評価と課題について、ポイントと、アジアとの交流拡大に不可欠な都市機能の強化についてお話いただければと思います。

鈴木●ゲートウェイ機能の前に、九州の中の交通基盤の状況をお話しします。九州は新幹線ができて本当に小さくなったなと思います。それから航空領域も非常に充実してきましたし、東九州自動車道も8割方できたという現状です。縦軸が2本できたので、今後、横軸の方をしっかりやっていけば、山の中までつながっていきます。先ほど麻生会長がおっしゃったように、奥座敷がますます近くなっていくのです。そういう意味では、九州自身の転換点が表れているのかなと思います。

　一方、ゲートウェイ機能ですが、福岡の国際交流基盤は博多港と福岡空港です。この2つの容量が限界であるということを数字で示してみます。博多湾の水域面積は東京湾の15％弱ですが、港湾全体ではさらに小さいのではないかと思います。また、背後圏の人口も関東地区は4,350万人、九州は1,310万人と約4分の1で、物理的な容量が非常に小さい。そうすると、機能を特化するとか、効率を上げていくことが博多港にとって非常に重要になってくるだろうと思います。

　福岡空港の国際線就航状況（2015年8月時点）は週272往復で、関西国際空港の週1,028往復、中部国際空港の週326往復に比べ少ないです。これから福岡が国際都市としてダイレクトにアジアとつながっていくと、容量に限界があることがおわかりいただけると思います。

　一方、福岡－仁川（インチョン）は週70便あります。これは非常に大きいです。結局仁川でトランジットし海外へ行っています。そうすると1時間なり1時間半なり時間を損しています。意外と大阪の方がアジアに近いという、物理的な距

福岡空港国際ターミナル（提供：福岡市）

離の問題ではなく、容量の問題が表れています。

　いずれにせよ、現状において福岡の国際交流基盤である博多港と福岡空港を広く考えていくことにならざるをえないだろうと思います。したがって、いろんなところにある国際交流機関とつないでいくことが重要になってきます。その時、特徴を生かしてつないでいく必要があり、福岡の特徴を何にするかがポイントになるだろうと思っています。

　博多港については、スピードや品質の向上の努力をしてターミナルの生産性をあげていくことが大事です。また、背後地と直結させる取り組みを行い、港湾ターミナル近郊に流通加工の拠点を持ってきて、機能を補充していくことが必要だと思います。

　福岡空港については、滑走路増設事業で能力強化を行っていきますけれど、そのインパクトをどのようにつないでいくのか。

　国際線は観光客が増えていますが、アジアの中核都市として強化していくのであれば、ビジネス利用を考えていく必要があるでしょう。また、飛行機は貨物も積んでいますので、物流の観点から考え、物流拠点を空港近郊につ

博多港国際ターミナル（提供：福岡市）

くることなども重要だろうと思います。
坂井●博多湾と東京湾の規模の違いを考えると、何かに特化することと役割分担が必要だということがよく分かります。空港については路線を増やすことが1つの課題であり、ビジネス利用が重要であろうというお話でした。
麻生●九州、福岡には多くの恵みがあります。九州は全県に空港があって、アジアに近いですし、国土交通省が日本の中で突出させるのであれば九州、福岡がおもしろいのではないか、という見方をしてくれています。国は有望な地域に金を落とします。そういう中で福岡がどれだけ力を出せるかということでしょう。過去との比較ではなくて、あるべき姿に向かっていくことで評価していかないといけません。インバウンドが増え、日本の食べ物や製品がブランド化されていますが、それは先輩たちが作ったものです。それに対して、われわれがどう実績を作っていくのか。しかも福岡市に「特区」が与えられているのですから、この機会にどれだけ力を出せるか。まさにFDCの役割ですけど、そのへんの統合能力も含め、いろんな提案をしていきたいと思います。

日本は人口が減り、高齢者の比率が上がっていく。これは動かせない事実で、この危機感がベースにあります。その中で、アジアに近い福岡が、どこまで実績をつくり、どう貢献できるかが問われています。まず、われわれが危機感を持って背伸びした目標を持つことが大切です。テスト・マーケットの場として活用するなど、いろいろなチャンスが福岡には与えられています。「福岡で大丈夫だから全国に許認可を下す」という機会にもなると思います。

　今行政と一緒に福岡の評価と課題を数字で考えています。例えば、インバウンドが去年と比べて4割増し、5割増しになっているとしても、福岡はその増え方がほかと一緒ではいけないわけで、全国平均をどれぐらい超えていくのかといった数値目標を持ち、それに参加・貢献していく姿勢を持つことです。もちろんFDCもそうしますし、皆さん方も、参加・貢献を1つの大きな基準としてお考えください。「去年より10%伸びたね」と言うだけではなく、インバウンドは146%伸びているわけですから、それをどう取り込むかを考え、ハード面、ソフト面を充実させ、福岡からの発信能力を上げていきましょう。「行くんだったら九州だ、福岡だ」といわれるような魅力や強みを発信し、実績を上げていくことが重要です。FDCも、そういう目標を持って進んでいきたいと思います。

坂井●多くの恵みを生かし、あるべき姿に向かうべきであり、その目標に対しどう実績を出し、どれだけ突出した地域になりうるかが、非常に大事ですね。

久保田●どこの地域も地方創生を頑張っています。日本全体として人口は減るわけですから、やはり先行して勝たないと栄えません。その認識は非常に大事で、われわれがいかに頑張るかということだろうと思います。

　1997年にアジア開発銀行年次総会が福岡で開かれましたが、その時の話をいたします。準備が始まったのは3年前です。福岡市の担当の方は、過去の総会開催地の施設やホテル、インフラ、警備の状況などをを全部調べ上げ、それらについて競争相手だった名古屋の状況も調べて、福岡と比較しました。アジア総会をどこで開くかは、国と国との折衝ですが、最後は地元の熱意の問題になります。当時の西日本銀行と福岡相互銀行と福岡銀行の頭取が福岡

での12他都市で総会に一緒に出席し、開催された熱意をアピールしました。そういう努力があって初めて福岡開催が可能になったのです。

　サミットの誘致でもやろうと思ったら、努力に努力を重ね、そして実現するのは3分の1とか4分の1です。そういうスタンスが一般的に欠けているのではないかというのが、私の個人的な感じです。物事をうまく運ぶためには、それだけの汗がいるということです。行政、民間ともに、もう少し考える必要があるのではないかと、精神論で恐縮ですが、そういう気がします。
坂井●ひと昔前に比べて熱意が足りないのではないか、というお話でした。今検討される施設整備の水準にも影響しているのかもしれないと感じます。福岡地域の整備は、大変条件がいい中でやっていて、しかも手堅く物事が進んでいるように見えます。けれど、もう少しできることがあるのではないか。麻生会長のお話でもPR、発信も含めて、まだまだやれることがたくさんあるということが課題として浮かび上がってきたと思います。

アジアへの展開力を持つビジネスへの期待

坂井●3つめのテーマ、インフラ整備を生かしたビジネス活性化に話を移します。今、日本の人口は減っています。幸いにも福岡は、あと10年、20年は人口を維持できると言われていますが、人口が減っていくということが分かっている中で活力をどれだけ維持していけるかが、これからの日本、あるいは九州にとって非常に大きな関心事になっていると思われます。

　アジアからどれだけ人を呼んでこられるのか、あるいはアジア市場にどれだけ進出していくか、九州の特徴を生かしたビジネスの可能性はどういうところにあるのか、これらについてお話いただければと思います。
鈴木●インフラをつくる時、どんな将来のビジネスをイメージしているのかということをお話をさせていただきます。

　これから、日本、九州、福岡も含めて、アジアとの競争になります。アジアが追い上げてくる中で福岡が何を担っていくのかが重要だと思います。最後まで踏ん張れるのは日本人の特長の1つでしょう。ほかに、丁寧とか慎重

だとか、優しいとか、時間を守るといった律儀なところ、そういうところがアジアとの競争の中で日本や九州が担っていく部分なのでしょうし、そういう特徴を生かしながらモノづくりやサービス、観光などが進んでいくのだろうと思います。

　製造業などは、すぐに売れるものを作る時代になってきたといわれています。当然、それを担う輸送サービスや社会基盤も対応していく必要があります。具体的には、やはり「早い」ことでしょう。いつ来るのか分からないのでは困りますし、あまり遅れても困ります。道路も渋滞があってほしくない。福岡空港はよく遅れますが、望ましい姿ではないと思います。また頻度も問題です。スピード感がある世の中で1週間に1便というのも望ましくありません。

　細かい話をすれば、貨物であればダメージを与えない、温度管理などができる、保管場所がわかる、輸送管理に多様なオプションがあるなど、そういうことを維持しながら、社会基盤も対応していく必要があると思っています。

　また今後、モノづくりだけでなく、知的環境も大都市にとって非常に重要な役割を担うでしょう。人間一人が考えることには限界があるので、異分野の方と交流しながら新しいビジネス、知恵を出していく必要があります。

　国際線の路線を増やすにしても、空港関係だけで終わるわけではありません。オフィスやホテル、まちづくりといった観点も含めて、総合的にとらえていく必要があると思います。

坂井●日本人の持つ丁寧さ・優しさ・慎重さをしっかりと根付かせ、それをベースにしながら、知的な生産はもちろん、まちづくりにまでつないでいくことが戦略として重要という話でした。

麻生●鈴木局長がおっしゃったように、日本のもつ、安心・安全・律儀・時間厳守・清潔・おいしい……、こんなに素晴らしいものはないと思います。そういうものを大事にし、観光客が「中国や韓国で知っていた日本とは全然違う」「安心して女性が一人で夜中に歩ける。こんなまちはないな、日本ってすごいな」ということで、日本ファンになっていただくことが重要です。そうやってリピーターを増やしていくことが必要です。

福岡の人の特徴はおっとりしていることですが、平均ではいけないと思います。九経連の会長という立場になって驚いたのは、7県の知事が定期的にわれわれビジネスマンと一緒に九州を変えていくための会合を開いていることです。先日の会合で決まったのは、九州を便利なところにしようということです。具体的には、観光客がどこにでも行きやすくすることや、九州全県の負担で多言語対応のソフトをつくり店に入れていこうということなどです。全国的にみても、こういうまとまりがある会合はないと、私は思います。九州全体を観光地として推進していこうという機構もあります。無理だと思わずに、背伸びした目標を掲げて推進していく必要があるのではないでしょうか。

　その中で大事なのは若者の登用です。われわれ70歳近い者がやるのではなく、30代にチャンスを与えることです。東京や大阪で働いている若者が、福岡に戻りたいという気持ちになれるような受け皿を作る。「東京にばかり集まって」と地方が被害者のように思うのではなく、われわれが戻してやろうという気持ちをもち、若者が県外に出ていってしまうことの責任を考えて、まちの魅力をどう作っていくか。そこが地方創生の大きなテーマです。

　安心・安全のブランド、文化、チームワーク、忠誠心、そういう良さを外国人が見て、日本を尊敬し、日本の存在感が上がり、われわれのコミュニケーション力なども上がっていく。そういう循環を生みたいと思います。その大きな源は、若者にチャンスを与えることと、われわれ自身が背伸びした目標をもち、それに向かって責任を持って進んでいくことです。

　福岡はチャンスを持っています。FDCとしても大きな責任があるわけですが、まちの魅力を作っていきたいと思っています。

坂井●若者を登用しながら、圏外に出た若者が戻る気になる受け皿が非常に大事だという、パンチのきいたお話でした。

久保田●少し個別の話をします。1つは空港です。本格的な空港を持つことの重要性はいうまでもありません。過去、福岡空港には巨大プロジェクト計画があって、それが途中でうまくいかなくなったことがあります。その反省は必要です。福岡空港の充実は大事ですが、先ほどの麻生さんのお話にもあ

現在の福岡空港（提供：福岡市）

った、本来あるべき姿ができなかった、次善の策にすぎなかったということを、われわれは肝に銘じないといけません。

では、次善の策としての福岡空港をどうするかは、ほぼ正解は出ていて、早期にもう１本滑走路を増設することは不可欠で、その方向で進んでいると思います。当面はLCCを北九州空港や佐賀空港で受け入れ、福岡空港の運営時間を延長することなどを進める必要があります。

博多港は基本的に砂地で、香港などのように岩があって深くなる自然の良港ではないため、必然的に限界があります。ということは、コンテナターミナルの拡充やクルーズ船の接岸場所の増設など、方向として明快なものをどう進めるかということが重要だろうと思います。

個別のプロジェクトについては、まず、災害に強い日本、首都機能・本社機能の移転の問題です。首都機能の移転では、それを受け入れる側の地方公共団体がどれだけ熱心に働きかけるかということが大事な要素です。北九州市が手を挙げられましたし、福岡県もそういう発表をされました。それにとどまらず、行政当局のさらなるアプローチ、どんな機能を持ってくるかの検

討も含めて、まだまだ努力の余地があります。本社機能の移転は全国的に受け入れられつつあり、引き続き進むと思いますので、われわれとしては福岡がいかに移転に適しているかというPRに重点を置くことが大事です。

また、九州大学箱崎キャンパス跡地の活用は重要です。福岡の中心地に残された唯一広大な利用可能地域ですので、これをいかに有効に使うかは大きな課題です。MICEを軸にするのであれば、そのための施設は、まずホテルです。施設規模が圧倒的に不足しています。もちろん、ホテルの採算という課題があることは十分承知しています。さらに、会議をどこで開催するかというのは参加者だけの話ではありません。最近はご夫婦でおいでになりますので、奥様があそこに行ってみたいとか、あそこは楽しそうだというところがあることも大事です。そういう意味では、福岡は日本国内でも、あるいは国際的にも、非常に評判のいいところです。いずれにしても、そういう課題について理解する必要があります。

坂井●福岡アジア都市研究所が「第3極の都市」という冊子を出しており、第3極に福岡が位置づけられています。詳しい説明は省きますが、要するに、バルセロナやミュンヘン、メルボルン、バンクーバー、シアトルと比べ、福岡の良いところと課題を出しています。その1つが、先ほどからお話が出ているホテルの件数です。バルセロナが1,000件近くあるのに大使、福岡は100件、10分の1です。英語の検索サイトで検索できる外国人が宿泊しやすいホテルの数が、福岡はまだまだ少ないようです。ヤフオクドームでAKB48が総選挙をすると、もう足りない。これは致命的ではないかと思います。宿泊を含めて、インフラの足りないことが、この冊子で明確にわかります。

福岡にはマリンメッセという大きなホールがあります。アリーナ面積が8,000平方メートルです。幕張メッセは7万平方メートル、東京ビックサイトは8万平方メートルです。この問題については、すでに福岡市やFDCを軸に検討が進められておりますので、今後に期待したいところです。

インフラ整備が進み、ゲートウェイとしての福岡の機能が強化されていくことが大事ではないかということが分かってきました。

麻生●われわれは2015年の現役として、「アベノミクスで20年間のデフレが

博多港のコンベンション施設（提供：福岡市）

動き始めた時、親父たち何していたの？」と、次世代に言われないようにしなければいけません。次世代に対する責任として、また国のため、地域のために、高い目標を持って、福岡が突出した地域になっていかなければなりません。それが九州全体の浮揚になると思います。われわれの父親たちが残してくれたものに感謝しながら、それを次世代にどう残すかということを追求することが大切です。デフレから抜けるかというこの2年間ぐらいの大事な勝負です。機会をもらっているのですから、皆さんとともに福岡から発信していきたいと思っています。チャンスが多いだけに、やりがいも大きいですが、責任も重大です。

坂井●アジアゲートウェイが機能するかどうか。これはアウトカムとしてビジネスの可能性につながるかどうかであり、ビジネスの活性化にとってアジアゲートウェイの評価は必須となってきます。福岡はアジアゲートウェイとしてアジアの経済の発展とともにその存在感をますます高めていくだろうと思います。したがって、整備が不足しているものを充実していくこと、そしてMICEに必要な機能を整備する必要もあります。

シンポジウムの登壇者。左から、鈴木弘之国土交通省九州地方整備局局長、久保田勇夫西日本シティ銀行取締役会長、麻生泰福岡地域戦略推進協議会会長、坂井猛九州大学工学部建築学科教授、髙木直人九州経済調査協会理事長

　整備を行うにあたって、民間の役割は大きく、これからも連携を強めていく必要があります。常に考えておかなければならないことは、九州の他の地域との連携、奥座敷を含めての連携です。陸路、海路、空路によるアジア各地との連携の中で、九州各都市との連携強化が福岡のアジアゲートウェイとしての強化にもつながることになります。

　どれだけ考えることができるか、チャンスを活かしきれるか、そういうことが今の私たちに問われています。このことをしっかり覚えていただいて、これからのみなさんの活動に反映していただき、アジアゲートウェイとして福岡が発展していけばと思います。

坂井猛氏

1985年	九州大学工学部建築学科卒業
1987年	九州大学大学院修士課程修了後、綜合建築設計研究所において、アジア太平洋博覧会会場基本計画および建築基本設計・実施設計、門司港拠点文化施設調査、教育施設、公共施設、商業施設、交通施設等の基本設計・実施設計を担当
1991年	福岡県総務部県庁舎跡地対策課において、アクロス福岡建設を担当
1993年	九州大学助手。新キャンパス計画推進室助手
1995年	博士（工学）
2000年	九州大学新キャンパス計画推進室教授・副室長
2007年	九州大学教授（大学院人間環境学府、工学部建築学科）
2016年	九州大学キャンパス計画室教授・副室長

鈴木弘之氏

1983年	東京工業大学土木工学科卒業
1985年	東京工業大学大学院理工学研究科土木工学専攻修了後、運輸省入省
2007年	下関市港湾局長
2009年	国土交通省関東地方整備局東京空港整備事務所長
2011年	国土交通省九州地方整備局港湾空港部長
2013年	内閣府沖縄振興局参事官
2015年	国土交通省九州地方整備局副局長
2015年	国土交通省九州地方整備局局長
2016年	国立研究開発法人海上・港湾・航空技術研究所理事

麻生泰氏

1969年	慶應義塾大学法学部法律学科卒業
1972年	オックスフォード大学ニューカレッジ卒業
1979年	麻生セメント株式会社代表取締役社長。学校法人麻生塾理事長
1984年	社団法人セメント協会副会長
1996年	飯塚商工会議所会頭
2004年	社団法人日韓経済協会副会長
2007年	学校法人福岡雙葉学園理事長
2010年	株式会社麻生代表取締役会長
2013年	一般社団法人九州経済連合会会長
2014年	学校法人麻生塾塾長理事
2014年	福岡地域戦略推進協議会会長
2016年	麻生セメント株式会社代表取締役会長

久保田勇夫

1966年	東京大学法学部卒業
1969年	オックスフォード大学経済学修士
1966年	大蔵省入省
1983年	財務官室長
1985年	国際金融局国際機構課長
1986年	大臣官房参事官（副財務官）
1988年	国際金融局為替資金課長
1989年	大臣官房調査企画課長
1990年	海外経済協力基金総務部長
1992年	大臣官房審議官（国際金融局担当）
1994年	国際金融局次長
1995年	関税局長
1997年	国土庁長官官房長
1999年	国土事務次官
2000年	都市基盤整備公団副総裁
2002年	ローン・スター・ジャパン・アクイジッションズ・LLC会長
2002年	株式会社西日本シティ銀行取締役頭取
2014年	取締役会長
2016年	株式会社西日本フィナンシャルホールディングス取締役会長

【特別座談会】
アジアゲートウェイ機能を高めるために

【座長】
西日本シティ銀行取締役会長
久保田勇夫

公益財団法人九州経済調査協会理事長
髙木　直人

一般社団法人国土政策研究会理事
藤本　顕憲

株式会社プロジェクト福岡代表取締役社長
神崎公一郎

九州大学工学部建築学科教授
坂井　猛

なぜ福岡は発展したのか

久保田● 今日は自由闊達な議論をお願いしたいと思います。

　まず、私から一言申し上げます。これまでの連続講演を聞いて、3点ほど気づくことがありました。

　1つは、ストーリーが美しすぎるということです。空港は規模の話が途中で潰れてしまいましたし、博多港は基本的には浅瀬ですから、活用が難しい地形です。実は非常に問題が多いにもかかわらず、今までのアプローチは美しすぎます。将来のためには、何が問題なのかを明確にすることが大事です。

　2つ目は、視点が小さいこと。本来、福岡の発展はアジアの一部としてどうするかという話でした。しかし、今は国の政策もそうですが、アジアの活力をどう取り込むかという非常に受け身の話になっています。九州の先人は、西欧との関係においてアジアはいかにあるべきかを追求したうえで、その一部としての福岡を考えていました。その視点が最近の議論には欠落しています。

　3つ目は、政策面にほとんど触れられていないことです。なぜ福岡は発展しているのかと問われると、「中国に近いからである」「歴史があるからだ」という答えがほとんどです。しかし、それだけではなく、歴代の政策努力があり、その結果の良し悪しがあるはずです。それが議論に反映されていません。これは非常に大事なことではないかというのが、個人的な想いです。

　そういうことを踏まえて、今日の議論は自由にお願いします。議題は「アジアゲートウェイ機能を高めるために」ですが、これに縛られる必要はありません。この地域が発展するためにどうしたらいいか。その1点に絞って議論してください。

　座談会にあたり2つのテーマを考えました。1つは、なぜ福岡は発展したのかということ。これを振り返ることによって、今足りないものが見つかるのではないかという気がしています。もう1つはメインの議論で、これから何をすべきか、ということです。これは非常に難しいと思います。そこで、

特別座談会の様子

　それぞれの方が「これをやるべきである」と思われるプロジェクトなり、ポリシーなり、あるいは制度改革なりを、2つ、3つ出していただいて、それを議論したいと考えています。
　では最初に、なぜ福岡が発展したのかについて、藤本さんにお願いします。
藤本●端的には第2次世界大戦後の鉄、造船、石炭の傾斜生産の時代に国の中枢管理機能が福岡に集約立地し、鉱工業生産に特化した北九州・筑豊の事務管理部門を福岡市が担ったことが、今日の発展の基盤となったと考えます。小さなまちに似合わない大きな銀行がいくつもできたのも、そういう理由でしょう。また、地勢上、朝鮮戦争の最前線として人流・物流の両面で戦時経済の影響を受けたこともあると考えます。商都・福岡にとって情報は命です。身近に国の機関や県庁があることの凄さに福岡市民は少し鈍感ではないでしょうか。
　市の港湾局の勉強会で、福岡の港が歴史上いつ出てくるのかをお聞きしたのですが、誰も答えることができませんでした。
　室町時代にできた「廻船式目」、今で言う船舶法ですが、この中に日本の

藤本顕憲氏
福岡市議会議員、一般社団法人国土政策研究会理事
1944年生まれ　鹿児島県財部出身。
早稲田大学第一法学部卒業。
北九州財務局（現福岡支局）の存続運動、福岡観光コンベンションビューローの設立、博多港特定重要港湾の指定、福岡外環状道路建設、海水淡水化事業の実現、香椎・千早両地区区画整理事業、ソラリアホテル・三越等天神再開発事業、JR九州博多駅ビル建設、福岡都市高速道路環状化等々に関わる。

重要港として「三津七湊（さんしんしちそう）」と記されています。「津」も「湊」も港のことです。「三津」は、筑前博多津、和泉堺津、それから三重県の安濃津（あのうつ）で、七湊は、日本海貿易の拠点であった東北から北陸にかけての当時の代表的な7つの港です。鑑真和尚を描いた井上靖の小説『天平の甍』に薩摩坊津（ぼうのつ）の秋目海岸が出てきますが、17世紀の中国で成立した『武備志（ぶびし）』という兵法書には、「日本三津」として、薩摩坊津、筑前博多津、三重県の安濃津が出てきます。このように古くから博多港は度々歴史に登場しているのです。国内屈指の港としての永い歴史と重い役割を担い今日があり、その上で未来像を描くという歴史認識が薄い感がありますね。みなさん今の港だという意識が強いようです。

　福岡市の人口は2015年10月の国勢調査で154万余、神戸市を抜いて政令都市中第5位に就きました。福岡市が誕生した1889（明治22）年の市域面積は5平方キロで人口5万1,000人。現在の面積は341.7平方キロです。全国でも歴史の連続性がある都市は、そう多くはありません。港づくりに限らず「まちづくり」に歴史の視点は必須だと思います。

　今日の福岡の勢いは、日本の近代化を担った四大工業地帯の1つである北

九州と、産出量が全国の半分以上を占めたと言われる筑豊炭田、この2つの事務管理・業務部門としての役割を福岡が担ってきたことが大きいと思います。戦後、1949（昭和24）年に行政改革が行われ、通産省や建設省、大蔵省の支局が福岡に立地して、国の情報が直接手に入るようになりました。この中枢管理機能を確保したことで人やモノの流れが拡大していき、今日の福岡の姿になったのではないかと思っています。

　先日、あるスーパーゼネコンの支店長が「我々は三大都市圏からいろんな企業を福岡に誘致してきた。だからこの街並みは我々が営業努力でつくってきたのです」と言われました。以前は建設省の局長クラスには取締役や常務、専務の肩書がついた支店長しか会えませんでした。福岡は国の中枢管理機能を確保したことで各ゼネコンが重要な立場の人間を福岡に配置するようになり、駐在支社に相応しい予算もつくようになりました。それで企業誘致などの活発な営業活動ができ、福岡の街並みをつくったという自負になっているのだろうと思います。これは、国の機関があることがどれほど大きいかの一例です。そういうことに福岡市の人たちはあまり気付いていないと感じます。

久保田●ありがとうございます。港を例にとって、歴史的に福岡が大事だったという話が1つ。2つ目は、近代になって情報の必要性と重要性が福岡の魅力や基盤を形づくってきたのではないかということ。逆に言うと、国の機関が福岡にあることが、情報収集に対して非常に大きな価値を与えることになったことを、みんなあまり気づいていないのではないかというお話でした。これは、今の企業誘致や政府の首都機能移転の議論につながり、その背景には政策努力があるということだろうと思います。

　もう1つ、情報管理が強ければうまくいくわけではなく、加えて地元の産業の強さが相まって、総体としての強さをつくり出してきたのではないかということでした。

藤本●日本で4番目の帝国大学である九州大学の貢献は大きな比重があると思います。京都大学医学部専門学校から帝国大学誕生までの時代の教授陣は、当時最高のインテリ・ハイカラで、多くは洋行帰りでした。料理・服装・住居・図書書籍等々、彼らのレベルが福岡の民度・文化度を上げ、内外からの

神崎公一郎氏
株式会社プロジェクト福岡代表取締役社長
1952年生まれ、長崎県出身。地方紙記者などを経て、1998年11月、㈱プロジェクト福岡を設立、代表取締役就任。『福岡2001』、『フォーラム福岡』など雑誌の編集や地元企業の社史執筆等に従事、ジャーナリスト、編集者として現在に至る。

来訪者に対応できるマナーが育ちました。これも今日を築いたインフラであると思います。

久保田●知的なセンターと情報、それから管理機能ですね。神崎さん、いかがですか。

神崎●歴史的なお話を藤本先生がされたので、私からは、今年（2016年）の初めに感じた象徴的なことを2つお話したいと思います。

　1つは、福岡空港の出入国者が、通常は出国が4,000人、入国が5,000人ぐらいでしたが、その倍の9,000人、8,000人という規模になっていて、それによって空港からの交通渋滞が激しく、都心まで2、3時間かかるような状況になったこと。それから、1月下旬の大雪で太宰府の都市高速と九州縦貫道がストップしたことで、3号線が渋滞し、これもまた都心まで2、3時間かかったことです。

　桑原市長の最後の任期でつくった都市計画が「100万都市が機能する都市計画」でした。その後、天神や博多駅についてはありますが、福岡市全体の機能を見渡した都市計画はつくられていません。福岡空港に関しても、空港を移転するのか現在地で改革するのかの議論はありましたが、それを口実に、

アジア太平洋博覧会の会場となったシーサイドももち地区
（提供：福岡市）

その間もその後も現空港を取り巻く構想については全く触れられていません。これは大きな問題だと思います。

　福岡市発展の理由は、桑原市政時代に「100万都市が機能する都市計画」をつくられたことと、もう１つは、「海に開かれたアジアの交流拠点都市」ということで、アジアをキーワードにした政策を次々に出されたこと。つまり、政策によって福岡の発展の礎を築いたことが非常に大きいと思います。

　福岡の将来計画、設計図を描くにあたっては、まず目標設定を考えます。それには、アジア、世界、日本にとって何が必要か、その何を福岡や九州が担うのかをはっきりさせることが必要です。アジアを見渡して、アジアにおける福岡の役割ということで、桑原市長はアジアに拘泥されたのではないでしょうか。アジア太平洋博覧会の開催、アジア文化賞の創出、アジア太平洋センター（現・アジア都市研究所）の設立、福岡アジア美術館の設置、アジア映画祭の開催。このようにアジアに関することを矢継ぎ早にやってこられました。そのことによって、福岡が今日の発展の礎を築いてきたと言ってもいいと思います。

　もう１つ、アジアの交流拠点都市というコンセプトをつくるにあたって、

坂井猛氏
九州大学工学部建築学科教授、本部キャンパス計画室教授・副室長
1987年九州大学大学院工学研究科修了。伊都キャンパスの計画と建設を担当。2007年より現職。アジア景観デザイン学会会長、日本都市計画学会九州支部長。福岡県、福岡市などの都市計画と景観づくりを支援する。著書に『広重の浮世絵風景画と景観デザイン』、『これからのキャンパスデザイン』、『東アジアの環境学入門』など。博士(工学)、一級建築士。

日本の中だけでなく、ソウル、釜山、台北、上海などの周辺都市をみながら、その中で福岡ができることを考えて政策を立案されたのではないでしょうか。この20年の発展の礎は、そういうところにあったのではないかと思います。

久保田●ありがとうございました。桑原市長時代に、100万都市はいかにあるべきかという観点から、博多や天神だけではなく、都市全体をどうするのかという非常に幅広い観点を持っていたということ。またライバルはどこなのかを見ながらしっかりやっていったこと。そういうことの上に今日の福岡が成り立っているのではないかというご意見でした。

神崎●その後の都市計画がないのです。そのことで150万都市、住民票を移していない人を含めたら実態は170万都市ぐらい、あるいは昼間人口で言えば200万ではないでしょうか。それにインバウンドです。それで今、不具合が出てきていると思います。

久保田●都市計画的な話が今ひとつ進まないのは、空港についてもそうですが、今そこにあるものだけの議論に終始しているのではないかということですね。坂井先生、いかがですか。

坂井●都市計画学会の末席にいる私にとっては耳の痛いお話で、がんばらな

九州大学箱崎キャンパス

ければと思っています。

　発展の理由は、ふたりの先生方のお話に加えるとすれば、「人」だと思います。福岡はインフラとしてハードウェアをつくりあげていく人が良かったのではないかと思います。

　7世紀、日本の優秀な人たちが遣唐使としてこの地から出発しました。その後も、海外から来た人が京都や江戸に行くためにここを通りました。外国の人たちが行き来していた福岡には、新しいものを素直に受け入れる素地ができていたのではないでしょうか。

　平成になってから、外国人の建築家が福岡でたくさん仕事をしています。建築を勉強した人にとって雲の上の存在だった海外の建築家たちが、身近で仕事をするようになりました。それが可能になったのは、彼らを受け入れる素地を持った文化、土壌があったからでしょう。だから、九州大学にも海外からの人材、特に、中国、韓国の人たちが早くから集まってきました。中国の政治的リーダーのひとりであった郭沫若(かくまつじゃく)も九州大学の卒業生ですし、私が学生のころ、全国の留学生の共通試験で上位の学生は九州大学医学部に来

髙木直人
公益財団法人九州経済調査協会理事長
福岡市出身。九州大経済学部卒。
1982年九州経済調査協会入社。調査研究部長、常務理事を経て、2015年から理事長に就任。
1994年からは外務省の中国瀋陽領事館に2年間出向し、中国の地域経済を調査した。

ていました。今は中国からのたくさんの観光客も、東京からの資本も、福岡は受け止めています。福岡を発展させた大きな要因は、人ではないかと思います。今後も、新取の気性、オープンな人の心を大事にしていくべきではないかと思っています。

久保田● 今の坂井先生のお話は非常におもしろいと思います。海外から人が来て、あるいは海外に行って、人に伴う知的な蓄積ができていったということです。もう1つ、自分とは異質の人やモノを受け入れる土壌があること。これは非常に大事なポイントだと思います。

　今のお話で思い出すのは、福岡の戦後の発展に貢献した人の多くが、満州からの引き揚げ者だったことです。本来、満州には優秀な人たちが行っていて、引き揚げてきた人たちが福岡に留まりました。我々の中学の同級生も、優秀な人の半分近くは満州から引き揚げてきた人の子どもです。私は戦後の一時期の福岡のレベルアップは、そういう子どもたちの影響が大きいのではないかと常々思っていました。九経調（九州経済調査協会）も満鉄の調査部の人がつくられたのですよね。

髙木● 九経調の初代の会長と理事長は満鉄調査部出身です。初代会長は九州

大学の波多野 鼎（かなえ）教授で、初代理事長は松岡瑞雄氏です。

　私は神崎さんの話を補完したいと思います。神崎さんは90年代、桑原市政時代に福岡市発展の礎ができたとおっしゃいましたが、私もまさにそう思います。

　九州の中心都市について歴史的にみると、長崎市、熊本市、北九州市であったりしたわけで、名実ともに福岡市が九州の中心都市になったのは90年代からです。北九州市はそれまで100万都市でしたが、福岡市と人口規模の差が出てきたのは90年代だと思います。

　では、なぜ福岡は発展してきたかということですが、１つにはアジアの発展があったと思います。アセアンも発展し、中国も改革開放をしました。それまでアメリカを向いていた日本が、アジアを向くようになりました。福岡もアジアが発展する機会を捉えて、次から次にアジアを睨んだ政策を打ち、うまく成長の軌道にのれたのだと思います。

　アジア太平洋センターの設立やアジア文化賞などの文化的施策もありましたが、大きかったのは交通基盤の整備です。港湾に関して言えば、博多港が1990年に特定重要港湾に指定され、93年からは次々と国際定期コンテナ航路が開設されました。福岡空港も、以前は台北便やソウル便しかありませんでしたが、90年代には30近い国際定期便が就航しました。やはり90年代にすべてのものが集中して起きたのではないかと思います。

　これらは政策努力の効果だと思いますが、もう１つ、民間の設備投資も大きな役割を果たしたのではないでしょうか。福岡ドームは93年に、キャナルシティは96年にできました。90年代後半には天神の百貨店が次々にリニューアルしました。こういうことも、九州から人をよび集める大きな役割を果たしたと思います。

　もう１つ、福岡は九州と共に発展してきたこともあると思います。九州クロスハイウェイが96年に開通します。それによって各県から高速バスで多くの人が博多に買い物にやってきました。JR九州もいろいろな特急列車をつくり、人を集め、当時は"かもめ族"という言葉が流行しました。そういうことで、福岡市が九州の中心的な役割を担う都市として発展してきたと思い

ます。

　そうした中、97年にアジア開発銀行総会が福岡で開かれました。私が驚いたのは、香港のビジネス雑誌「アジアウィーク」で、福岡市がアジアNo.1都市、アジアで一番住みやすい都市、と紹介されたことです。それぐらい福岡は世界から注目される都市になったのだと、今でも当時の驚きを思い出します。

久保田●どうもありがとうございました。九州と共に発展したというお話は非常に大事だと思います。

今後、福岡が進めるべきこと

久保田●それでは次に、今後、福岡が強力に進めるべきであるとお考えのことをお聞かせください。

藤本●広域行政の問題を考える時、札幌と比較してみるといいかもしれません。札幌が1,120平方キロで、糸島から宗像、筑紫野まで入れた福岡都市圏1,170平方キロです。人口は、札幌が196万、福岡都市圏が254万で、各自治体の4～6割が福岡に勤務しています。この実態をしっかりみて、福岡市を考える時は都市圏で考えなければならないだろうと思います。

　コンベンション政策では、九州の心を一つにする競争的共存のコンセプトがあります。すなわち九州各県は各々が持つ固有の素晴らしい観光資源を競って研磨しつつ、コンベンションの誘致には打って一丸となるということです。その牽引力を発揮するのが福岡の役割です。

　また、福岡アジア都市研究所はアジア研究センターとして、経済のみならず民生事業、教育事業、インフラ整備など、アジアが抱える課題に対して官民が交流して支援できるよう、牽引する必要があります。

　観光は平和の礎だと思います。アジア・世界の人々とより多く交流し、競争的共存の実を挙げるには、九州観光推進機構の民間出資を県政出資より大きくして、我県引客の弊を改めることです。加えて、観光統計の正確を期し、九州全域均等・公平にアフターコンベンションとしての回遊性の確保に努め

久保田勇夫

株式会社西日本シティ銀行取締役会長 1942年生まれ。福岡県立修猷館高校、東京大学法学部卒。オックスフォード大学経済学修士。大蔵省(現財務省)に入省。国際金融次長、関税局長、国土事務次官、都市基盤整備公団副総裁、ローン・スター・ジャパン・アクイジッションズ・LLC会長などを経て、2006年6月に西日本シティ銀行頭取に就任。2014年6月から会長。2016年10月からは西日本フィナンシャルホールディングス会長を兼務している。著書に『証言・宮澤第一次通貨外交』(西日本新聞社、2008年)、『日米金融交渉の真実 ──激烈な経済戦争はかく戦われた』(日経BP社、2013年)などがある。

るべきではないかと思います。

　さらに、福岡青年会議所のアジア太平洋こども会議・イン福岡の参加者の交流は、福岡・九州の最大の資産となってきていますので、参加者OBの組織化と関わりの強化を図っていく必要があります。

　札幌－鹿児島間の新幹線網が完成し、アジアの航空市場が世界一のマーケットになる2030年代、この国内・世界の大交流時代の幕開けにどう備えるかが、福岡、そして九州の最大課題でしょう。

　福岡には見るべき観光資源が少ないので、箱ものは福岡でつくって人を集め、その人たちを九州全体に回遊させていく。こういう仕組みをつくっていければいいと考えています。

　前市長の桑原さんのご葬儀で「市民外交は真心の外交で、これは平和の礎になる。我々のアジアとの交流は先祖返りの交流なのだ」という言葉がありました。この「先祖返り」という言葉は、私が桑原さんによく言っていた言葉です。我々は日本文化をつくってきましたが、そのおおもとはアジアにあると思います。そこを忘れず、アジアの一体感の中でどうするのかが大切でしょう。

1987年に福岡観光コンベンションビューローが発足しましたが、その時に、陸海空からいろんな人が福岡に来ることを夢見ながら、環状道路、特定重要港湾、福岡空港と、それぞれ勉強し、運動をしてきました。その過程で次第に協力者が増え、議論が深まり、より良い結果になったことも数多くあります。

　空港はいずれ本格的にやらざるをえないだろうと思います。ただ、2,500メートル、3,000メートルの滑走路が必要な飛行機がいつまでも飛ぶでしょうか。飛行機にも大胆なイノベーションが必ずあるはずです。1兆円、2兆円かかるような新空港の負担をするかどうかは、将来市民が決めればいいことで、まず、現空港を使い切ってみようということです。

　博多駅も、将来の九州の人流を想定しながら各機関と相談して駅の大きさを決め、まちづくりの専門家の協力を得て容積を増やし、見事な駅が完成しました。コンコースが狭いから、階段でなく、乗りたくなるようなものをということで、あのエスカレーターとデッキができたのです。

　とにかく貪欲に人を集めることに徹底すべきです。そして、道路や鉄道など、いろんな面で交通機関を整備していかなければならないと思います。私は政治家として、そう訴えてきました。

　福岡商工会議所の会頭の部屋に、1943年に博多商工会議所が製作した「二十年後ノ大福岡構想図」という絵があります。当時からすでに7つに区を割っていて、区役所がある場所もほとんど変わりません。経済人の目で、1943年の大先輩たちに負けないような、福岡の町の将来の絵を描くぐらいの力がほしいですね。

久保田●人的な結びつきや知恵の大切さと、政策の一貫性を保つための経済界の重要性についてお話いただきました。神崎さん、いかがですか。

神崎●先ほどの話の続きです。桑原市政時代に100万都市の都市計画をつくりましたが、それがいつの間にか150万都市になり、実態で言えば200万都市になっているわけです。

　それにインバウンド、2015年福岡入りしたのは120万人です。新たに来る人が200万なのか300万なのか、その都市像を描いて都市計画をつくる時代

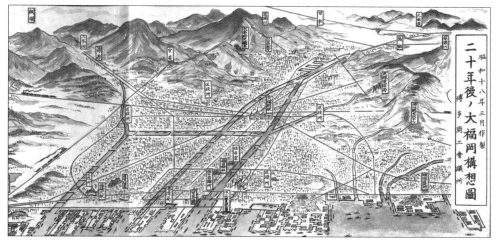

「二十年後ノ大福岡構想図」（部分。提供：福岡商工会議所）

に来ているのに、この20年は目の前の処理だけに終わったという問題点があると思うのです。インバウンドを推奨するのであれば、数十年後を見据えた新しい福岡の都市計画をつくる時ではないでしょうか。

例えば、中央ふ頭の話が活発ですが、2001年ぐらいに延伸計画が最初に出て、2012年には福岡市港湾局の長期構想委員会でも出ているわけです。それが今ごろ着工です。

あるいは空港においては、国内線のターミナルと国際線のターミナルの距離は1.2キロぐらいで、待ち時間を入れると30分ほどかかります。利用者がだいたい１日8,000人で、鉄軌道の採算は取れる数字にきているのです。

残念だったのは、七隈線が博多駅で止まってしまったことです。あれを国際線まで伸ばして国際線から国内線まで通すなど、いろんな方策が考えられます。インバウンドとまちづくりは関係ないと思われるけれど、密接な関係があるのです。まず都市機能整備をやっていただきたい。これが１つです。

もう１つ、交流を促進する１つがインバウンドであれば、アジアの交流拠点都市に関する産業に力を入れる必要があるでしょう。当然、そこにはストーリーが出てくると思うのです。北九州は公害を克服した都市として、環境

福岡都市高速（提供：福岡市）

都市の整備を進めています。では福岡市は、アジアに先駆けて日本が直面している超高齢社会のソリューションになるものか、九州のショールームのようなものを福岡に持ってきて海外の都市との交流をするのか、あるいは多国籍企業のアジア事業本部の誘致を徹底するのか。どういった産業で、福岡をアジアの交流拠点都市にしていくかが、目の前の課題ではないかと思います。

久保田● どうもありがとうございました。どういうストーリーをつくるのかが重要だとおっしゃいましたが、まさにそうです。特に公害を克服した環境都市・北九州と対応するような福岡周辺の発展のための産業が大事だと、具体的な話をいくつか挙げられました。

　個人的な意見を申しますと、私は福岡をアジアのアイデンティティを追求する都市にしたいという夢を持っています。それはどういうことかというと、今は右翼と見なされ東京から顧みられない人たちは、アジアをいかにすべきかを懸命に追求した人ではないかと思います。そういう歴史を踏まえて、岡

倉天心の東洋の美術の提唱が九州国立博物館につながったように、福岡がアジアのアイデンティティ追求の場所、あるいはアイデンティティの創造なり確立の場所になれればいいと思います。

では次に坂井先生、お願いします。

坂井● 私は景観設計の授業を担当していますが、2004年に「美しい国づくり」の一環として景観法ができました。今、日本の後をアジア各国が追っています。韓国はすでに景観法ができ、日本のやり方を参考にして、自分たちなりのつくり方をしています。中国でも検討中だと聞いています。アジアの景観のあり方、街並み、山、川、海の見え方が欧米とは違うという認識は、みなさんお持ちなのです。

日本の都市計画は、景観法に至るまで欧米の方法を輸入して、日本なりにカスタマイズしています。アジア諸国から見ると、日本のやり方を見て、それを自分の国に適用できるわけです。そういうカスタマイズされた文化が日本にはあります。景観法もその1つです。日本のやり方をアジアは注目していると思います。

では、何をしていくべきか、ということで、私がいる大学の話をさせていただきます。九州大学は、東区馬出の病院地区が源流です。最近は伊都キャンパスに移転を決めましたが、病院地区はそのままで、福岡の東と西に本学があります。さらに南にも、2003年に統合した九州芸術工科大学、今の九州大学大橋キャンパスがあり、春日市、大野城市をまたぐ元米軍基地跡に筑紫キャンパスがあります。福岡都市圏の東と西と南で人を育てています。

今、福岡の開発はアイランドシティ、香椎など東の方に向いています。南の方では鉄道の影響もあり、すでに久留米の方まで人口は伸びています。糸島半島はもともとアジア諸国からやってくる人たちが通ってきた場所ですが、これからは西に発展の余地があるのではないかと、思っているところです。

都市圏として考えると200万人から300万人が住んでおり、その顔になるのは中心部の天神・博多ですけれど、周辺部の発展はまだまだこれからです。あと20年は人口が伸びるそうですので、その受け皿としての発展が、東、西、南になっていくのではないでしょうか。周辺部のコンパクトなまちとしての

あり方は考えなければいけないことですが、その時に大きな役割を果たしていくのが、鉄道や環状線などの交通軸ではないかと思います。

　港湾に目を向けますと、先ほどお話がありましたように、十数メートルの深い航路でなければ大きな客船は通れません。そのために川が運んでくる土砂を浚渫しなければいけません。その土砂の持って行き場として、埋め立て地がつくり続けられています。先の都市計画審議会で東区の箱崎ふ頭の先を埋め立てることになったのですが、その先も港づくりはずっと続くというのが、私の印象です。埋め立ても活用し、都市の骨格をつくりながら、パーツにあたるものを先々まで見通してつくる。これが今求められていることではないかと思っています。

久保田●ありがとうございました。

髙木●先ほどアジアのアイデンティティを追求する都市をめざすべきではないかというご意見がありましたけれど、そうなると、玄洋社のことについて触れなければいけないと思っています。

　福岡市と中国の広州市は、日中国交回復後、すぐに友好都市になりました。進藤市長の時代でした。それは、広州市が孫文のゆかりの地だったからではないかと思っているのですが、意外と市民の方には知られていません。

　長崎の梅屋庄吉や熊本の宮崎滔天(とうてん)など、多くの人が孫文を応援していますが、玄洋社の社員が孫文を支援していたということはあまり知られていません。むしろ、言ってはいけないような雰囲気になっています。しかし、そうではないと思うのです。玄洋社の頭山満が孫文の日本への亡命を手伝い、平岡浩太郎が資金援助し、末永節(みさお)が辛亥革命に駆け付けた事実があります。福岡はそういう歴史をもった場所ですから、なにがしかの形で孫文研究を通じて玄洋社の活動を再評価することが必要です。玄洋社には、アジアは１つ、アジアはこうあるべきだという理念があって、あの活動があったと思います。そういう玄洋社の活動を通じてアジアを考えれば、今、我々がアジアとどう付き合うかも見えてくるのではないでしょうか。

　進藤市長からの紹介状をもって広州市にひとりで行ったのが、私の初めての中国訪問でした。そういうこともあって、人一倍強い思いがありましたの

で発言させていただきました。

　もう1つ、具体的な話ですが、桑原市長が「海に開かれたアジアの交流拠点都市づくり」を言われていましたが、それをもっと推し進めなければいけないと思うのです。福岡競艇場から須崎ふ頭の西側を整理すれば、福岡の懐はもっと大きくなるのではないでしょうか。競艇場についてはいろんな意見があるとは思いますが、例えば、競艇場から須崎ふ頭の西側を埋め立て、道路網を整備すれば、天神北ランプから降りても渋滞はなく、福岡の中心部へのアクセスはすごくよくなると思います。

　また、整備したところにはいろんな集客施設がつくれます。例えば、長浜に鮮魚市場がありますが、あのあたりに釜山のジャガルチ市場のようなものがあれば、福岡での楽しみが増えると思います。高級ホテルができれば、固定資産税の面で市への財政への寄与も出てくるのではないかと思います。もう150万以上の都市なのですから、都市計画を見直してもいいのではないかと思っています。

久保田●ありがとうございました。最初に神崎さんがおっしゃった、将来の福岡のビジョンと言いますか、本来あるべき姿は何だということから出発するという話が、非常に大きいような気がします。

　今、高木さんがおっしゃった玄洋社の件については、私も大きなテーマであり、これを主張し続けることに価値があると思っています。玄洋社は大陸進出の先兵であるという世の中の認識を簡単に変えられるとは思いませんが、事実は事実として主張すべきです。

　フィリピンの革命家でフィリピン共和国の初代大統領になったアギナルド、韓国の独立運動家・金玉均（きんぎょくきん）、インドの独立運動家ラス・ビハリ・ボースは、玄洋社の系統の人が独立運動を手伝いました。今は、そこが全く出てきません。玄洋社の頭山満は韓国の金玉均を匿ったわけです。そういうことをする人が、どうしてアジア進出を企てた親玉となるのか、よくわかりません。

九州大学箱崎キャンパス跡地の活用

久保田●先ほど坂井先生から200万都市なり300万都市のキャパシティはいかにあるべきかという話がありました。その中で喫緊の課題としては、九州大学箱崎キャンパス跡地の問題があります。それについてご意見をいただきたいと思います。

　非常に貴重な場所で、あそこにJR九州の駅をつくるという話や、九州の他地域にある地方支部局などを集積をさせる話、あるいは、首都機能移転、そのほかいろんな使い方があると思います。

藤本●私は1980（昭和55）年、そして1984年の行革、南北財務局の統合問題に関わりました。その時、これからも商業・サービス都市、そしてコンベンションシティとして特化する福岡にとって、情報が最大の経営資源だと痛感しました。つまり、今日の福岡市の発展は、一般の市民の皆様はお気付きではありませんが、最も根幹的な国の情報を受・発信する中枢管理機能の立地、このことがその最大要因であると思います。従って、稀有な機会としての跡地利用は本市や九州の為にも未来に向けて必要な都市機能、特に中枢管理機能の一層の充実強化を図る、つまり法曹関係機関が福岡城跡から九大六本松キャンパス跡地へ移転しその機能を強化したように、合同庁舎を利便性が高く、陸海空の交通拠点に近接する九大箱崎キャンパス跡地に移転し、九州全域に行政サービスを提供する場となることが、100年の歴史を刻んだ九州大学の土地に相応しいと考え、その実現を訴えています。

久保田●ありがとうございました。

神崎●箱崎キャンパス跡地に何かをもってくるということで言えば、今まで議論があった首都機能や代替機能、外資系企業のアジア本部、合同庁舎という話のほかには、国内に限らず海外も視野に入れて、世界に通用する九州大学以上の大学、あるいはアカデミーみたいなものをの誘致すると、おもしろいと思っています。

　また、福岡空港からJR博多駅地区は全体で羽田空港の敷地内ぐらいの面

積だと聞いています。インバウンドやMICE関連の事業で福岡が生きていくのであれば、あそこを臨空タウンにして、アメリカのコーネル大学やスイスのローザンヌ大学のようなホテル学科を誘致し、それに関連する産業を集積させてはどうでしょうか。箱崎キャンパスはその代替地としても利用可能です。

　福岡市あるいは経済界がどういう絵を描くかにかかっているのではないでしょうか。

坂井●箱崎は便利な場所です。高速道路がすぐ横を通っており、空港からも車で15分。海も近くて夜は船の汽笛が聞こえます。九州大学が100年以上あった場所になりますので、人の知恵が集まるようなことをやらないといけないと思っています。

　この3、4年、小学校区の代表の方にも参画していただいて跡地利用に関する会議を開いています。そこで、道路の通し方や土地利用など、いろんな勉強をさせていただいて、ある程度決まったこともあります。ただ、それをどう使っていくかがこれからの課題です。企業に提案を募ったところ、14社に手をあげていただきました。2015年度はアイデアを伺う段階で、その方々とは対話という形でやらせていただいています。来年度以降に、より具体的な話をするために、今、大きな枠組みをつくっています。

　アジアの話をどういうふうに組み込んで実現していくのかは重要です。天神から電車で10分という大変便利な場所です。そのためには、情報インフラ、交通インフラ、さらにはエネルギーまで、先を見据えたことができれば良く、しっかりとつくり込んだうえで、公民学が一緒になったまちづくり、都市づくりをできるよう、検討を重ねています。

　すでに解体している建物もありますが、2018年度に移転する農学部は現在、使用中です。移転の時間差があるなかで、どうパズルを解いていくか。100年以上使っているキャンパスですので、味わい深い建物がたくさんあります。重要な建物の一部は大学として残す方針を立て、その残し方を検討しています。

髙木●私は福岡経済同友会で久保田会長と一緒に政府のバックアップ機能の

誘致や本社機能の誘致をやっていますので、付け足すことは特にありませんが、1つだけ、福岡に公立の国際学校があればと思っています。民間のインターナショナルスクールは百道にありますが、公立の国際学校はありません。福岡がアジアへのゲートウェイの都市として発展するためには、公立の国際学校は不可欠だと思います。東京には都立の国際学校があり、一般の生徒も帰国子女も、東京にいる外国人の子どもたちも入れます。これは箱崎キャンパス跡地でなくてもいいですが、福岡にほしい機能の1つです。

久保田●私は行政なり民間の情報の集積は非常に大事なので、できれば国および全国的な組織の中枢になるようなものが出てくればいいと思います。国の機関の行き先を決める重要なポイントの1つは、そこに職員が住みたいと思うかどうかです。そういう意味で言うと、福岡は圧倒的に優れているはずです。そういうところをしっかりアピールしてもらいたいというのが、私の意見です。

　今日は率直な感想の議論をいただきました。何かほかに言い残したことがありましたら、お願いします。

藤本●福岡市は貝塚駅のJR九州との提携等、交通結節機能の強化に努め付加価値を高め、若干残る航空機騒音の弱点をカバーし、九大発展の原資となる土地処分の円滑化を支援しなければなりません。

　また、鳥栖、小郡、久留米という中九州がこれから九州のリーダーになる可能性がありますので、そちらの方向に向かってまちを伸ばしていく、私はこれを南下政策と称していますが、これも考えなければなりません。そのためにも、筑紫口を広く開口し整備しなければいけないという思いでがんばっています。

久保田●本日は大変実のあるご議論を頂戴しまして、ありがとうございました。

編集後記

　本書の編集にあたり、地方創生に対する当行の取組みを後世に形として残すことが出来たことは私自身も大変満足しております。
　これもひとえに、講師陣の皆様の多大なご協力あってのものですが、講演当日からパネルディスカッション、特別座談会、更に本書の編集と長期間にわたりお付き合いいただきましたこと、本当に感謝申し上げます。
　また、九州経済調査協会の髙木理事長様ほか事務局の皆様の全面的なご協力があって無事本日を迎えられましたこと、この場を借りまして厚く御礼申し上げます。　　（株）西日本シティ銀行 執行役員地域振興部長（現・常務執行役員）石原　隆

　私が「アジアゲートウェイとしてのFUKUOKA」に携わったのは、地域振興部に転勤となった昨年5月の第3回目の「博多港」からでした。従って1、2回の「福岡空港」には残念ながら携わっていません。3回から最終回のパネルディカッションを中心とした7回目まで当企画運営のお手伝いをさせて頂きました。
　講師の方々は要職にあり、公私ともに大変お忙しい方にお願いしたにも拘わらず、快諾頂き、熱意溢れる講義を行って頂きました。また、講演後の交流会では参加者の方々と熱心な意見交換、その後はスタッフとの慰労会にて純粋に福岡を思う気持ちを語って頂きました。これまでの福岡の発展には、講師の皆様、講演拝聴に来られた皆様の福岡を思う気持ちが大きく貢献しているのだと感じました。
　短い間でしたが、私にとって非常に貴重な経験ができたと思っております。ありがとうございました。
　　　　　　　　（株）西日本シティ銀行 地域振興部付部長（現・長崎支店長）田中　耕一

　地方創生をキーワードとした斬新な企画が出来ないかと九経調の八尋部長、岡本主任研究員のお二人と協議を開始したのが、2014年10月。企画・調整に半年ほどかかりましたが、2015年3月の第1回を皮切りに最終企画2016年2月の特別座談会まで無事完走することが出来ました。

毎回、反省会と称して講師の方々と幅広い意見交換が出来たことも貴重な経験となりました。
　この本を通じてアジアゲートウェイとしての福岡のポテンシャルを感じていただき、未来のまちづくりにも関心を持っていただければ幸いです。
　最後に、この出版まで辿りつきましたのも、本イベントの講師、パネリスト、座談会参加者皆様のご協力の賜物です。この場をお借りしまして、感謝の意を表します。　　(株)西日本シティ銀行　地域振興部部次長(現・大名支店長)　柚木崎　真

　まちのインフラに関わられている多くの専門家の皆様そして、それぞれの企画に参加いただいた皆様に感謝です。この本は専門家による6回のセミナーとシンポジウム、座談会の様子をまとめたものです。
　この企画において福岡のまちが、過去と現在そして未来へとつながっていることを実感しました。また、生まれも育ちも福岡なので、さらに愛着と誇りを持って福岡のことを語れそうです。この本がゲートウェイとしての福岡の発展に少しでもお役に立てれば幸いです。
　　　　　　　(公財)九州経済調査協会　事業開発部長　兼　BIZCOLI館長　八尋　和郎

　今回のセミナーを通じて、博多港や福岡空港の役割について歴史的な文脈で捉え直すことができました。アジアへの海の道は古より続いていたのです。アジアゲートウェイ都市FUKUOKAに向けて、インフラ整備と共に我々のマインドも磨いていく必要があります。数年前、ハラルビジネス理解のために、インドネシア人の大学院生をホームステイに招きました。イスラム教徒の彼はお酒を飲まないので"ノミュニケーション"にはもちこめなかったものの、抵抗感は払拭され、親日感情にも触れることができました。これからもアジアとの交流を仕事とプライベートの両方で進めていきたいと思います。最後に登壇者の方々と、今回の企画に賛同していただいた西日本シティ銀行様にお礼を申し上げます。　　(公財)九州経済調査協会　事業開発部主任研究員(現・次長)　岡本　洋幸

各章扉写真提供:福岡市
撮影者:Fumio Hashimoto

アジアゲートウェイとしてのFUKUOKA
■
2016年12月10日　第1刷発行
■
編者　株式会社西日本シティ銀行
公益財団法人九州経済調査協会
■
発行者　杉本雅子
発行所　有限会社海鳥社
〒812-0023　福岡市博多区奈良屋町13番4号
電話092(272)0120　ＦＡＸ092(272)0121
印刷・製本　ダイヤモンド秀巧社印刷株式会社
ISBN 978-4-87415-991-0
http://kaichosha-f.co.jp/
[定価は表紙カバーに表示]